Rolf Horst

Mein Leben

unter

Alkoholikern

Biografische Erzählung

Der Autor: Rolf Horst wurde 1960 in Bremen geboren. Er lebt mit seiner Ehefrau einer Hündin und der Katze, die beide aus dem Tierschutz kommen, nahe einer norddeutschen Kleinstadt. Nieke Horst, heute 60, ist Asperger Autistin, studierte Germanistik, Französisch, Erwachsenenpädagogik und Sport, übte viele Jahre japanisches Rinzai-Zen nebst Klosteraufenthalt in Japan und entwickelte daraus mit ihrem Mann ihre Lebensform der Stille, Schlichtheit und Struktur, die es ihr möglich macht, am Rande einer gehetzten, ignoranten NT-Gesellschaft zufrieden zu leben.

© 2025 Rolf Horst

ISBN Softcover: 978-3-384-38313-6
ISBN Hardcover: 978-3-384-38314-3
ISBN E-Book: 978-3-384-38315-0

Druck und Distribution im Auftrag des Autors:
tredition GmbH, Heinz-Beusen-Stieg 5, 22926 Ahrensburg, Germany.

Kontaktadresse nach EU-Produktsicherheitsverordnung:
impressumservice@tredition.com

Rolf Horst
Mein Leben unter Alkoholikern

Unsere Nachbarin musste ins Krankenhaus wegen des Verdachts auf eine Hirnhautentzündung und bat uns, ob wir auf ihren Hund aufpassen könnten. Da wir eine Katze und eine Hündin haben, konnte Wusel nicht mit in unsere Wohnung. Also morgens um sechs Uhr eine Runde mit unserer Hündin anschließend eine mit Wusel. Insgesamt machten wir fünf Gassirunden mit dem älteren Hund.

Das wäre sicherlich über einen längeren Zeitraum gutgegangen, wenn Wusel nicht immer ihr großes Geschäft – leider oft mit Durchfall – in der Wohnung ihres Frauchens erledigt hätte.

Den ersten Morgen habe ich noch irgendwie verkraftet und den Dreck, trotz Würgereiz, mit feuchten Wischtüchern entfernt. Am zweiten Tag habe ich mich beinahe selbst in der Wohnung übergeben. Ich bekam Kopfschmerzen – unglücklicherweise habe ich erst sehr spät gemerkt, dass es sich um einen Migräneanfall handelte. Am dritten Tag kamen mir die Erinnerungen an meine Kindheit gleich mit hoch. Wie war das doch gleich? Meine Mutter war in der Nachbarschaft zu Besuch. Mein Vater lag betrunken in seinem Bett und hat sich übergeben. Ich als zwölf- bis dreizehnjähriger Junge habe ihn saubergemacht und gewaschen. Dabei hätte ich mich am liebsten selbst übergeben. Und genau dieses Gefühl wurde durch Wusel wieder wachgerüttelt.

Vorwort

Ich habe sehr lange überlegt, ob ich ein weiteres Buch über die Probleme und Erlebnisse in einer Familie schreibe, in der – auch im Umfeld – AlkoholikerInnen, Co-Abhängigkeiten, Ehescheidungen, uneheliche Kinder und Suizide extrem verbreitet sind. In meinem ersten Buch zu diesem Thema „Vererbtes Trauma – Gelebte Sucht" habe ich einen Teil meiner Lebensgeschichte bereits erzählt.

In dem vorliegenden Buch berichte ich, wenn auch nicht in chronologischer Reihenfolge, detaillierter über die Erlebnisse mit meinen suchtkranken Eltern, Geschwistern, Verwandten und meiner ersten Ehefrau. Einen Teil widme ich meiner Zeit in einer Selbsthilfegruppe, in der auch Angehörige willkommen waren. Ich erzähle von meiner Aufnahme, der Neugründung einer Gemeinschaft und meinem Austritt. Ich berichte von meinen unterschiedlichen Psychotherapien und wer oder was mir dabei geholfen hat, meinen Weg wieder oder besser überhaupt erst zu finden.

Danken möchte ich an dieser Stelle meiner Frau Nieke, die seit über zwanzig Jahren immer für mich da ist.

Sucht? Alkoholiker, Säufer oder Trinker? Davon waren nach Ansicht meiner Familie nur die »Penner« vom Bahnhof betroffen, aber doch nicht unser Vater.

Sucht ist ein schleichender Prozess, der meistens vom persönlichen Umfeld gar nicht wahrgenommen wird und die betroffene Person weiß ohnehin nicht, was man ihr vorwirft. AlkoholikerIn, ich? Ich brauche das nicht und kann jederzeit aufhören mit dem Trinken!

Von der Suchterkrankung eines Menschen sind viele andere betroffen: PartnerIn, Kinder, Freunde, Verwandte, Nachbarn, Arbeitgeber, Krankenkassen, Kliniken, die Gesellschaft.

Gerade die Familienmitglieder sind es, die sich meistens ganz auf die Befindlichkeit des/der Alkoholkranken einstellen – Co-Abhängigkeit nennt man das.
Als Sohn von Alkoholiker-Eltern habe ich das erst bei meiner eigenen Auseinandersetzung mit der Sucht begriffen – ich selbst habe keinerlei Disposition zu Suchtmitteln, das hat mir mein erster Psychotherapeut bestätigt. Da war ich schon einige Jahre mit einer nassen Alkoholikerin verheiratet.

In meinem Elternhaus war Alkohol immer präsent. Egal ob in flüssiger Form auf dem Tisch oder schon als Ersatz für Hirnflüssigkeit im Kopf. Alkohol beeinflusste alles und jeden. Auch mich als Kind, nur habe ich das damals nicht gemerkt. Wie auch? Es haben doch alle Erwachsenen mitgemacht und von daher war es für mich völlig normal. Ich konnte mir nicht vorstellen, dass es in irgendeiner Familie anders gewesen wäre.

Bier gehörte zum Alltag. Es stand ständig irgendwo eine Flasche oder ein volles Glas davon in der Wohnung herum. Und Bier war schließlich kein Alkohol – so dachte man in den siebziger Jahren und leider teilweise heute noch. Für meine Eltern war es auch normal, am Wochenende Weinbrand in ihren Frühstückskaffee zu gießen. Wenn ich noch welche hätte, würden sich bei dem Gedanken daran jetzt bei mir die Nackenhaare sträuben, wie sie das in meiner Kindheit getan haben.

Mein Vater fuhr Lastkraftwagen und war in ganz Nordwestdeutschland unterwegs. Er trank auch während der Arbeitszeit. Immer wenn er Pause machte, dann aß er eine Kleinigkeit und trank dazu sein Bierchen.

Zum Wochenende musste dann eine Kiste geholt werden und die hielt meist nicht lange. Freitagsabends war Kartenabend, da spielten meine Eltern mit einem Nachbarehepaar abwechselnd bei uns und bei denen. Natürlich immer mit Bier und oft genug auch mit einem »Klaren« dazu. Es gab immer einen

Anlass – aber eigentlich brauchte es den gar nicht –, um eine Flasche aus dem Keller oder aus dem Kühlschrank zu holen.

Und oft genug vertrug sich sein Bier nicht mit dem ohnehin wenigen Essen, das er zu sich nahm. Man hatte meinem Vater irgendwann wegen seiner Magengeschwüre zwei Drittel des Magens entfernt, und das führte zu einer erschwerten Aufnahme und Verarbeitung der festen Nahrung. Da kann man dann schon mal mit einem Bier nachspülen, wenn es denn nur bei einem Bier bliebe. Aber im Laufe eines Abends wurde daraus leicht ein Sechserträger oder mehr.

Und je mehr mein Vater getrunken hatte, desto mehr überschätzte er sich, was sein Wissen, seine Kraft und sein Durchhalte- beziehungsweise Stehvermögen betraf.

Er war Jahrgang 1925 und im Jahr 1945, also mit Ende des Zweiten Weltkrieges, da war bei ihm ein »Schott« zugefallen.

Für alles Neue war er nicht mehr zugänglich und die »Posttraumatische Belastungsstörung« als anerkanntes Krankheitsbild gab es damals noch nicht. Die Bundeswehr forscht erst seit den 1990er Jahren dazu. Wie also mit dem erlebten Trauma umgehen? Was tun, wenn die Erinnerungen und die schrecklichen Bilder wiederkommen? Wegtrinken, so viel saufen, bis im Kopf alles verschwimmt und die Vergangenheit nur noch im Nebel herum wabert. Aber was war das für eine Zukunft? Darum hat sich nie jemand Gedanken gemacht.

Ab und zu betrunken, na und, das passiert doch in jeder Familie, und deshalb ist man noch lange kein Alkoholiker. Er ist ja schließlich kein Penner vom Bahnhof. Solche Antworten bekam ich sowohl von meinen Eltern als auch von meinen Geschwistern, wenn ich es wieder einmal gewagt hatte, über diese unsäglichen Zustände in unserer Familie zu sprechen.

Wenn der Vater betrunken war, dann erzählte er immer dieselben Kriegsgeschichten. Ansonsten waren weder seine Erlebnisse noch die meiner Mutter, die mit ihrer Mutter und ihrem Halbbruder aus Schlesien flüchten musste, Thema bei uns zu Hause.

Wenn der Halbbruder meiner Mutter mit seiner Familie zu Besuch kam, dann ging es immer hoch her. Er trank auch immer mehr, als er vertragen konnte, und dann versuchte er mit seinem vom Alkohol vernebelten Hirn, immer mit uns Kindern zu spielen. Da dauerte es nicht lange und es gab, meistens bei seinem Sohn und später auch bei seiner Tochter, Tränen und Geschrei.

Wenn er betrunken war, dann hat er es immer übertrieben. Und er war oft betrunken. Egal ob bei Oma, bei sich zu Hause, bei meinen Eltern oder im Biergarten beim Stiefeltrinken. Obwohl er mein Patenonkel war, wusste ich nichts über ihn. Nicht, was er arbeitete, nicht, was ihn beschäftigte.

Aber er litt, genauso wie mein Vater und meine Mutter. Sie alle hatten ihr Kriegstrauma, egal ob sie selbst an der Front waren oder auf der Flucht aus ihrer Heimat. Er war jedenfalls der Erste, der seinem Leben durch einen Selbstmord ein Ende setzte.

Was hat aber meine Geschwister veranlasst, diese Sucht zu übernehmen? Hatten sich die traumatischen Erlebnisse unserer Eltern auch auf sie übertragen oder waren es tatsächlich Minderwertigkeitskomplexe, die aus der Co-Abhängigkeit herrührten. Ich denke, es war beides.

Minderwertigkeitsgefühle kannte ich nicht, ich hatte gar keine Gefühle. Später habe ich einmal einer Therapeutin gesagt: Mich als Person gab es gar nicht. Ich konnte kein eigenes Profil erschaffen. Ich habe über viele Jahre das getan, von dem ich glaubte, dass andere es von mir erwarten. Selbst habe ich keine Erwartungen gehabt. Wünsche und Träume, ja, die hatte ich auch, aber Erwartungen? Nein!

Der Älteste meiner Brüder, Jahrgang 1947, war der Sohn aus der ersten Ehe unseres Vaters. Die Ehe wurde geschieden, weil die Frau außerehelichen Verkehr mit ausländischen Seeleuten hatte – so stand es im Scheidungsurteil. Der kleine Sohn wurde dem Vater zugesprochen, was so kurz nach Kriegsende sicherlich nicht üblich war.

Er hat damals eine Ausbildung zum Maurer gemacht und bestimmt nicht viel verdient. Ich erinnere mich noch gut daran, dass er mir von Zeit zu Zeit Spielzeugautos aus Metall der Marke „Siku" mitgebracht hat. Ich weiß gar nicht, wovon er die bezahlt hat. Während ich auf dem Fußboden damit spielte, setzte er sich immer mit meiner Zwillingsschwester auf das Sofa und legte seinen Arm um sie.

Aber nach Ableistung seines Grundwehrdienstes hat er gar nicht mehr gearbeitet, weil er angeblich ein Loch im Herzen hatte, sondern nur noch getrunken und geraucht. Abends ging er in eine nahegelegene Kneipe und kam irgendwann mitten in der Nacht volltrunken zurück. Dann schlief er bis mittags seinen Rausch aus. Ich hatte das Gefühl, dass er sich nie wusch. Er stank nach alkoholischen Ausdünstungen, nach Schweiß, Zigarettenrauch und Eiter. Im Nacken hatte mein Bruder immer mehrere eitrige Stellen, die von unserer Mutter versorgt wurden.

Er brachte sehr oft die alten Schallplatten aus seiner Stammkneipe mit – egal ob deutsche Schlager oder auch die eine oder andere englischsprachige Platte –, was in der Musikbox nicht mehr lief, wurde ausgetauscht. So kam ich als acht- oder neunjähriger Junge an die Musik und die wurde mein erstes großes Hobby.

Allerdings wurde es mit meinem Bruder immer schlimmer. Eines Nachts, als er betrunken nach Hause kam, schlich er in unser Zimmer. Hier schliefen unsere ältere Schwester, meine Zwillingsschwester und ich. Er klappte die Decke bei meiner älteren Schwester beiseite und wollte zu ihr ins Bett steigen. Da gab es vielleicht ein Geschrei.
Mein Vater stürmte ins Zimmer, griff sich seinen Sohn und zog ihn aus dem Bett bis in die Küche. Es gab einen kurzen, lauten Streit und mein Vater warf ihn, nachdem er den Haustürschlüssel abgegeben hatte, hinaus.

Er kam am nächsten Tag noch einmal mit ein paar Parteifreunden – er war seit einiger Zeit Mitglied der SPD – und holte seine restlichen Sachen ab. Zu meiner großen Freude bei dem ganzen Ärger blieben die Schallplatten da.

Er wohnte ganz in der Nähe bei einer alten Frau, die ihm ein Zimmer vermietet hatte. Ab und zu besuchte er uns zu Hause und bei unserer Konfirmation war er auch anwesend. Ein letztes Mal habe ich ihn kurz nach dem Tod unseres Vaters gesehen. Mittlerweile ist das über vierzig Jahre her.

Unsere Mutter war unehelich geboren und trug den Geburtsnamen ihrer Mutter. Die war mit ihrer Tochter und deren Halbbruder, der den Nachnamen wahrscheinlich von seinem Vater hatte, aus Schlesien vertrieben worden.

Bei uns zu Hause war das Geld knapp. Wir waren immerhin sieben Personen und unsere Eltern hatten kein großes Einkommen. Die Sturmflut 1962 hatte ihr kleines Haus in Wesernähe komplett zerstört und die Familie wurde getrennt bei verschiedenen Menschen untergebracht.

Ich selbst habe keinerlei Erinnerungen daran – ich war gerade zwei Jahre alt. Das Einzige, was ich oft vor meinem inneren Auge gesehen habe, war ein großes, weißes Gebäude mit einem Hof und ganz vielen Menschen darauf. Erst im Erwachsenenalter habe ich dieses Gebäude wiedererkannt: Es war eine Schule in einem nahegelegenen Stadtteil.
Mutter brachte ebenfalls einen Sohn mit in die Ehe, der, genau wie sie, unehelich geboren war. Während mein Vater als Lkw-Fahrer arbeitete, putzte meine Mutter abends in einem Supermarkt. So war von den Eltern eigentlich immer jemand zu Hause – wirklich da als liebende, den Kindern zugewandte Eltern waren sie nicht.

Mein Vater machte sich abends oft ganz einfaches Essen. Er stellte eine Pfanne auf den Herd und legte dort Graubrot hinein, bis es dunkelbraun und kross war. Eine ordentliche Portion Salz rundete das Ganze ab. Das habe ich später als Jugendlicher auch oft gemacht. Allerdings wollte er häufiger eine Currywurst mit Pommes essen und die sollte ich ihm immer holen.

Zu der Uhrzeit war es aber meist schon dunkel und ich als kleiner Junge hatte Angst, den dunklen – wie ich heute weiß – nur fünfhundert Meter langen Weg zu diesem Kneipen-Imbiss zu laufen. Aber mein alter Herr war der Meinung, dass mir das nicht schaden könnte.

Er wäre als Jugendlicher immerhin im Krieg gewesen und hätte sich auch nicht so angestellt. Meine älteren Geschwister mischten sich da nicht ein und boten sich auch nicht an, statt meiner zu gehen.

Bei meinem Vater wurde es immer schlimmer mit der Trinkerei.
Eines Tages stürzte er beim Beladen vom Lkw und musste ins Krankenhaus. Eine aus ärztlicher Sicht notwendige Bandscheibenoperation brachte nicht den erhofften Erfolg und er bekam sehr starke Schmerzmittel.

Seinen Job als Lkw-Fahrer konnte er nicht mehr ausüben, aber seine Firma zeigte sich erst einmal großzügig und gab ihm eine Anstellung als Lagermeister.

Das war die Zeit, in der auch mein bester Freund und ich in allen Ferien dort arbeiteten und uns dadurch so manchen Wunsch erfüllen konnten – vom eigenen Plattenspieler samt Schallplatten, bis hin zum Gitarrenverstärker.

Die Arbeit war dreckig und schwer, aber für damalige Zeiten gut bezahlt. Wir mussten Eisenbahnwaggons mit Isolierwolle entladen und in den großen Lagerhallen – teilweise mit Zwischenböden – einlagern. Abends waren wir froh, wenn wir unter die Dusche konnten, wir waren nicht nur schmutzig, sondern es juckte überall von der Glaswolle.

Allerdings verlor unser Vater dann doch eines Tages seinen Arbeitsplatz nach fast fünfundzwanzig Jahren. Auch wenn ein Kollege es auf seine Stelle als Lagermeister abgesehen hatte, so gab sicherlich sein steigender Alkoholkonsum den weitaus größeren Anlass für seine Entlassung.

Es folgte eine größere „Durststrecke" (wie passend bei einem nassen Alkoholiker) bei der Arbeitsplatzsuche.
Die Agentur für Arbeit (damals noch das „Arbeitsamt") vermittelte ihn zwar, aber bei einem Arbeitgeber musste er sogar vor Gericht seinen Lohn einklagen.
Da kam das Angebot eines Nachbarn gerade zur rechten Zeit. Dieser war bei der städtischen Feuer-

wehr beschäftigt und dort wurde ein Lagerist gesucht. Mit der Fürsprache des Nachbarn bekam unser Vater tatsächlich diese Stelle.

Aber was hat er daraus gemacht? Er fuhr angetrunken mit einem Dienstfahrzeug Material besorgen. Er besuchte sogar mich einmal im Betrieb, weil er in der Nähe war, natürlich betrunken. Ich ärgere mich manchmal darüber, dass ich nicht die Polizei gerufen habe.

Das ging eine Weile gut, da er aber komplett der Sucht verfallen war, verlor er schließlich auch seinen Arbeitsplatz bei der Feuerwehr. Unser Nachbar, der ihm die Stelle vermittelt hatte, sprach nie wieder ein Wort mit ihm.

Mittlerweile war er aufgrund seiner Rückenbeschwerden als Schwerbehindert eingestuft und auch verrentet worden. Er war also den ganzen Tag zu Hause.
Zusammen mit unserer Mutter nutzte er die Zeit, um die damals so beliebten „Butterfahrten" zu machen, nebst zollfreiem Einkauf von Schnaps und Zigaretten. Die Bus- und Schiffstour kostete 1 DM pro Person, außerdem konnte man an Bord für sehr wenig Geld Alkohol trinken.
Die alkoholischen Getränke und die Zigaretten wurden dann mit etwas Aufschlag weiterverkauft. So kamen wir Kinder in den Genuss preiswerter Zigaret-

ten, wenn wir sie denn bezahlen konnten.

Je mehr mein Vater trank, desto mehr verlor er seine sozialen Zusammenhänge. Einerseits wollten viele Menschen nichts mehr mit ihm zu tun haben, andererseits war die Befriedigung der Sucht wichtiger, als Familie, Ehefrau oder Kinder.

Er machte alles zu Geld, was er in die Finger bekam, egal wem es gehörte. Ich hatte während meines Grundwehrdienstes ein großes, ausgemustertes Schlauchboot der Bundeswehr vom „Spieß" (Kompaniefeldwebel – er führt das Unteroffizierkorps an und leitet den Innendienst bei einer Bundeswehreinheit) geschenkt bekommen, das war auch eines Tages verschwunden.

Als ich so zwölf oder dreizehn war, da hatten die Nachbarn von gegenüber meine Eltern zu sich eingeladen. Mein Vater war nicht zu Hause und meine Mutter total wütend auf ihn. Irgendwann klingelte eine Nachbarin, die ein paar Häuser weiter wohnte und bat mich, meinen volltrunkenen Vater abzuholen. Ihr Mann und er hätten seit dem frühen Nachmittag getrunken und wären beide nicht mehr ansprechbar.
Während ich meinen Vater ins Bett brachte, ging meine Mutter alleine zu der Einladung. An diesem Abend hat er sich mehrmals im Bett übergeben und ich stand da und habe das Erbrochene abgewischt

und meinen Vater gewaschen. Der hat von alledem nichts mitbekommen. Es blieb nicht bei dem einen Mal.

Er hatte eine Gaspistole und ging damit, betrunken wie er war, auf Jugendliche los, weil die am Silvesterabend Knaller in den Vorgarten geworfen hatten. Ein anderes Mal gab es ein Stadtteilfest in einem nahegelegenen Grünstreifen. Auch dort schoss er mit der Pistole um sich, weil man ihm nichts mehr zu trinken geben wollte.

Dann kam er plötzlich nicht mehr nach Hause und niemand wusste, wo er steckte. Er lag im Krankenhaus, weil er jemandem beim Schleppen von Bierkisten geholfen hatte und dabei eine Treppe hinuntergestürzt war. Da er keinerlei Ausweispapiere bei sich hatte, konnte auch niemand die Familie informieren.

Bei den Busfahrten zu den „Butterschiffen" empfanden ihn immer mehr Fahrgäste als Gefahrenquelle. Aufgrund seines Rückenleidens konnte er nicht sitzen und blieb während der gesamten Fahrt stehen. Viele hatten Angst, dass er bei einer starken Bremsung durch den Bus fliegen und andere Menschen verletzen könnte.

Bei meiner Verlobungsfeier – die in meinem Elternhaus stattfand – blieben mein damaliger Kumpel (er ist später mit meiner Verlobten „durchgebrannt") und ich eine Zeitlang im vorderen Teil unseres Kellers stehen und unterhielten uns. Das war der Bereich meiner Kellerbar (ohne Alkoholbestand).

Mein Vater war auf Entzug und wollte ständig in seine Werkstatt, dort hatte er seine Vorräte versteckt, aber er traute sich nicht an uns vorbei. Dass ich ihn in diesem Moment in Lebensgefahr gebracht habe, wurde mir erst später bei meinen regelmäßigen Besuchen von Selbsthilfegruppen klar.

Ähnlich war die Situation als ich einmal seinen gesamten Vorrat weggekippt habe. Er hatte in seiner Werkstatt Pinsel nicht in Terpentin stehen, sondern in Weinbrand oder Korn. Seine Bierdosen hatte er zwischen der Arbeitsplatte seiner Werkbank und den darunter stehenden Schränken eingeklemmt. Ich hatte alles gefunden und entsorgt. Er ging morgens in den Keller und kam völlig aufgelöst und nervös wieder nach oben. Ich stand in der Küche und sah ihn ohne Mitleid an.
Dann erzählte ich ihm, dass ich alles in den Ausguss geschüttet hatte und er flehte mich an, er bräuchte doch nur ein paar Tropfen, um die Zunge zu benetzen. Es war widerlich, würdelos und eben auch lebensbedrohlich. Er hätte aufgrund des plötzlichen Entzuges einen Krampfanfall bekommen können.

Unser Vater war ja immer schon der große Held und

ein Alleskönner, vor allem mit dem Mundwerk.
Früher mussten wir Kinder uns immer seine Sprüche anhören, von wegen »solange ihr eure Füße unter meinen Tisch stellt …« und ähnliches.
Uns drei Jungens wollte er immer zeigen, dass er uns kräftemäßig überlegen war: Allem voran seine Aussagen »Dich lass' ich doch am langen Arm verhungern« oder »ich nehme es mit euch dreien zusammen auf« sollten uns einschüchtern.

Wie ich ja schon geschrieben habe, hat sich einer meiner Halbbrüder meinetwegen mit ihm geprügelt.
Über mich ist er eines Abends im betrunkenen Zustand hergefallen.
Er erzählte dieselben Sachen, wie damals seine Schwester: »ich würde ihm nach dem Leben trachten, wie alle anderen auch«. Allerdings hat er bei mir den Kürzeren gezogen. Ich bin förmlich explodiert und meine ganze aufgestaute Wut suchte sich einen Weg nach draußen.

Als er unter mir auf dem Boden lag, verzichtete ich darauf, auf ihn einzuschlagen. Stattdessen brüllte ich ihn an, dass er mich mit seinem Saufkopf in Ruhe lassen solle.
Das hat er bis zu seinem Tod, circa drei bis vier Monate später, auch getan.

Wir haben nie wieder ein Wort miteinander gewechselt und ich habe ihn nach seinem versuchten Suizid auch nicht im Krankenhaus besucht. Dazu gleich mehr.

Sein Tagesablauf bestand darin aufzustehen, zu trinken und sich wieder hinzulegen – als Pegeltrinker.
Ab und zu musste er sich natürlich Nachschub besorgen, wenn auch keiner wusste, woher er das Geld dafür hatte.
Eines Tages kam Post von der Staatsanwaltschaft und die Ladung zu einem Termin. Er war beim Stehlen von Alkohol in einem Supermarkt erwischt worden.
Als er den Brief durchgelesen hatte, rief er sowohl im Supermarkt als auch auf dem Polizeirevier an und drohte damit, alles in die Luft zu sprengen.

Meine Mutter war fassungslos und forderte ihn auf, endlich die Verantwortung für sein Handeln zu übernehmen. Das wollte er tun. Er ging in seine Kellerwerkstatt und versuchte sich zu erhängen. Leider klappte dies nicht so gut, wie beim Rest der Verwandtschaft. Er lag im Krankenhaus mit der Aussicht als Schwerstbehinderter wieder nach Hause zu kommen und von uns betreut zu werden.

Wie wünschte ich ihm damals die Pest an den Hals und hoffte darauf, dass er doch noch sterben möge (schlimm, nicht wahr?), damit uns das erspart bleibt. Er ist tatsächlich verstorben, eine verschleppte Lungenentzündung hatte dazu beigetragen.

Seine Urne wurde auf einem anonymen Gräberfeld eines städtischen Friedhofs beigesetzt.

Meine Mutter hat, bis ich zehn oder zwölf war, noch stark geraucht – mir wurde das Rauchen von meinen Eltern im Alter von vierzehn Jahren erlaubt. Ausprobiert hatten wir es natürlich vorher schon.

Ich erinnere mich noch genau, wie ein Nachbarsjunge – dessen Vater auch Alkoholiker war und sehr oft total betrunken zu Fuß nach Hause kam – immer mit seinem hölzernen Experimentierkasten unter dem Arm herumlief. Der war selbstgebaut und kein Gekaufter, wie es sie heute in allen erdenklichen Ausführungen gibt.

Er bekam einfach keinen Kontakt zu uns anderen Kindern, auch wenn er sich noch so sehr bemühte.

Er roch übelst aus dem Mund – eine Mischung aus Knoblauch und noch nie die Zähne geputzt – und wurde deshalb auch immer gehänselt.

Also dieser Nachbarsjunge lud meinen "Sandkastenkumpel" und mich – da war ich gerade mal zwölf – zum Pfeife rauchen ein. Er hatte Tabak, Streichhölzer und eine Pfeife dabei. Die war leider aus Kunststoff, oder, wie wir früher immer zu sagen pflegten: Die war aus Plastik.

Und genau das war ein Problem: Tabak hineingestopft, Streichholz angezündet und die Pfeife schmolz mitsamt dem Tabak zu einem unansehnlichen, stinkenden Haufen zusammen. Da probierten wir es dann doch lieber mit echten Zigaretten.

Die Zweite, die das Haus verließ war meine ältere Schwester. Allerdings nicht wegen eines Streits, sondern weil sie geheiratet hatte. Sie zog nach Hamburg und arbeitete dort im selben Kaufhaus wie ihr Mann. Ich habe als Jugendlicher die beiden dort einmal besucht. Entweder war zu dieser Zeit noch alles in Ordnung oder sie haben sich einfach nichts anmerken lassen. Aber mein Schwager betrog seine Frau und so kam es irgendwann zur Trennung.

Bedauerlicherweise erlebte sie diese Situation auch mit ihrem zweiten und dritten Ehemann. Mit dem Dritten hatte sie bereits Zwillinge, zwei süße Mädchen, die katholisch geprägt aufwuchsen. Wir waren damals zur Firmung oder Erstkommunion anwesend. Die Trennung von Ehemann Nummer Drei war schwierig. Sie hatten die Kinder und einen Teil eines ehemaligen Hotels, das sie sich damals gekauft hatten.

Meine Schwester rief mich in dieser Situation oft abends an und erzählte von ihren Sorgen. Leider hatte sie sich dafür immer erst Mut angetrunken und so war sie auf dem besten Weg, ebenfalls Alkoholikerin zu werden. Ich glaube, sie ist nur deshalb nicht ganz abgestürzt, weil sie ihren heutigen vierten Ehemann getroffen hat und der eine große Stütze in dieser schweren Zeit für sie war.

Nach ihrem Auszug aus dem gemeinsamen Haus, zunächst mit beiden Kindern, wollte eine Tochter dann zurück zum Vater und blieb dort. Zu ihr hat sie fast keinen Kontakt. Die Zweite führt die alte „Tradition" unserer Familie fort: Sie ist – nach Aussage meiner Schwester – bereits vom Alkohol abhängig.

Abhängig vom Alkohol waren wir alle.
Ja, auch wir Kinder! Unser eigenes Verhalten war immer an die Atmosphäre oder Stimmung zu Hause angeglichen. Den Alten bloß nicht provozieren, wenn er betrunken war. Wir waren von der Co-Abhängigkeit geprägt und das hat leider auch mein ganzes Leben beeinflusst.
Einer, der dagegen aufbegehrte, war mein anderer Halbbruder, der uneheliche Sohn meiner Mutter. Es kam so weit, dass er eines Abends mit unserem Vater in Streit geriet und sich schließlich mit ihm prügelte.
Ich habe in dieser Situation wie ein Erwachsener reagiert und unseren Nachbarn um Hilfe gebeten. Der konnte die beiden dann auch trennen.

Mein Bruder war danach wochenlang nicht zu Hause. Er tauschte nur ab und zu seine Kleidung aus. Mich hat diese Zuspitzung der Ereignisse sehr getroffen und beunruhigt. Sie waren ja meinetwegen aneinander geraten: Ich hatte einen Freitagabendkrimi in der ARD sehen wollen. Der lief erst ab 21 Uhr und weder die Uhrzeit noch die Krimiserie an sich, sah mein Vater als für mich geeignet an.

Dieser hilfreiche Bruder war allerdings ebenfalls für den Rest seines Lebens nasser Alkoholiker.

Mein Vater hatte noch zwei Schwestern, die in unserer Stadt lebten und einen älteren Bruder, der ebenfalls eine größere Zahl an Kindern hatte.
Seine eine Schwester – ich mochte sie beide nicht wirklich, ich hatte einfach keinen Draht zu diesen Leuten – hatte ebenfalls ein großes Alkoholproblem.

Sie rief sehr oft bei uns an. Damals gab es noch keine Zeittakte beim Telefonieren und man zahlte für ein Ortsgespräch 0,30 DM (bevor es den Euro gab, hatten wir in der BRD die DM). Oft war ich als erster am Telefon, weil die anderen das Klingeln nicht gehört hatten. Dann klagte meine Tante mir immer ihr Leid. Sie könne nicht mehr mit Bus und Bahn fahren, weil alle Menschen sie unentwegt anstarrten und ihr ohnehin alle nach dem Leben trachten würden.
Wenn sie so loslegte dann wusste ich genau: Sie ist angetrunken! Leider war das jedes Mal so.

Sie war die Zweite aus unserer Familie, die sich das Leben nahm. Allerdings wurde sowohl über den Halbbruder meiner Mutter als auch über Vaters Schwester kein Wort mehr verloren.

Zu erwähnen wäre da noch ein Onkel aus der Familie meiner Mutter, der sehr oft aus dem Saarland zu

Besuch kam. Ich erinnere mich an ihn als einen übergewichtigen, rotgesichtigen Mann, bei dem das Weiße in den Augen einen Gelbstich hatte und der immer mehr Bier trank, als er vertragen konnte.

Dann gab es aus Mutters familiärer Struktur noch eine uneheliche Tochter von Omas Schwester, die ebenfalls beide in unserer Stadt wohnten. Diese Schwester hatte ein enormes Geltungsbedürfnis. Sie erzählte ständig von ihren Neuanschaffungen (egal ob Möbel, Haushaltsgegenstände oder Schmuck) und vergaß nie zu erwähnen, was alles gekostet hatte.
Uns Kindern ging das gehörig auf die Nerven (nur uns Kindern?) und für uns war sie die Tante mit den nicht abgenommenen Preisschildern.

Ihre Tochter war mit einem ehemaligen Offizier verheiratet und als dieser plötzlich verstarb, da entwickelte sie sich ebenfalls zu Alkoholikerin. Eines Tages hatte sie eine Narbe diagonal durch das Gesicht und über die Nase, sie war angeblich auf einem Campingplatz über ein gespanntes Seil gefallen. Ihr Sohn eröffnete irgendwann seine eigene Kneipe, aber ich hatte all die Jahre keinen Kontakt mehr zu dieser Familie. Zu keiner Familie, die irgendwie mit uns verwandt war.

Ich weiß gar nicht mehr, wann ich die ersten Anläufe für eine therapeutische Unterstützung in Angriff nahm. Das muss irgendwann zwischen meinem vierundzwanzigsten (1984) und dreißigsten (1990) Lebensjahr gewesen sein.

Zu der Zeit litt ich immer häufiger unter extremen Kopfschmerzen, aber die hat kein Arzt als Migräne erkannt, ich habe ja dabei nie Übelkeit verspürt.

Diese Kopfschmerzen hatte ich bereits als Kind. Da sie das erste Mal im Zusammenhang mit Regen auftraten, wurde das Ganze als „Wetterfühligkeit" eingestuft. Heute würde ich einen psychosomatischen Hintergrund als Ursache benennen:
Immer wenn „Gewitterwolken" aufgezogen sind – und die gab es zu Hause ja häufig – dann bekam ich Kopfschmerzen. Ich habe mir also wortwörtlich das Hirn zermartert.

Immer größer werdender Stress, sowohl privat als auch beruflich, führte nicht nur zur Migräne, sondern auch zu unerklärlichen Kreislaufzusammenbrüchen. Ein Orthopäde wollte eine Verspannung mithilfe einer Injektion lösen und war dann über meine körperliche Reaktion – plötzlicher Zusammenbruch – doch sehr erschrocken.

Ein anderes Mal – ich hatte meinen stressigen Job schon gekündigt – da löste eine Betäubungsspritze vom Zahnarzt einen solchen Kreislaufkollaps bei mir aus.

Zwanzig Jahre später holten mich genau diese Alarmzeichen wieder ein. Aber dazu später mehr.

Meine ersten Kontakte zu Psychotherapeuten waren nicht von Erfolg gekrönt. Das ging auch gar nicht, ich war ja noch nicht wirklich bereit dafür.
Mein Leidensdruck war noch nicht groß genug. Das dauerte noch ein paar Jahre und die Trennung von meiner ersten Frau – einer nassen Alkoholikerin.

Immer häufiger gab es zu Hause Streit zwischen meinen Eltern. Er wollte Sex, sie nicht. Sie sprachen von Trennung, ja, von Scheidung, und meine Zwillingsschwester saß jedes Mal dabei und heulte sich die Augen aus dem Kopf. Ich selbst versuchte immer wieder die Streithähne zur Vernunft zu bringen, und das als Kind. Dabei bemerkte ich gar nicht, wie erwachsen ich schon geworden war.

Auch in der Schule ist nie jemandem etwas aufgefallen. Wie denn auch? Meine Leistungen waren so gut, dass ich sogar eine Empfehlung für das Gymnasium bekam. Aber da wollte ich nicht hin. Zum einen hatte ich in der Vergangenheit immer wieder SchülerInnen von dort zurückkommen sehen, zum anderen litt ich – unwissentlich – unter Versagensängsten, wie die meisten in unserer Familie.

Damit wäre ich dann wieder bei meinem zweiten Bruder, dem unehelichen Sohn meiner Mutter, angekommen. Ein Draufgänger und Lebemann, wie er im Buche steht. Fleißig, ausdauernd, immer von neuen Ideen beseelt und musikalisch.

Immer zu schnell mit dem Auto unterwegs, oft angetrunken und in einige Unfälle verwickelt.

Wir hatten in unserer Wohnstraße ein Jugendfreizeitheim, dort hatte er in einer Musikgruppe das Trommeln gelernt, während meine ältere Schwester Tuba spielte. Es gab einige Auftritte und zu einem hat unser Vater die ganze Gruppe auf der Ladefläche seines Firmenlasters Platz nehmen lassen und sie dann zum Auftrittsort gefahren.

Später saß mein Bruder dann in einer Tanzkapelle – so hat man die früher genannt – am Schlagzeug und machte Samstagsabends Musik. Natürlich meistens englische Titel. Da er auch etwas Gitarre spielen konnte, habe ich später einige kleinere Passagen von ihm gelernt. Oft Bassläufe oder Intros von Songs.

Er hat bei einem Bäcker und Konditor in der Nähe gelernt und dadurch leider sehr früh seine Zähne verloren. Vor der Arbeit in der Backstube trug er schon Tageszeitungen aus und verdiente sich so etwas Geld dazu.

Wegen seiner Zähne war er dann bei einem renommierten Zahnarzt in Behandlung. Die Prothetik, die er verordnet und eingesetzt bekam, faszinierte ihn unheimlich. Er bewarb sich in der Praxis als Laborhilfe, aber das wollte der Zahnarzt so nicht. Entweder mein Bruder würde eine Lehre als Zahntechniker durchlaufen oder er müsse sich etwas anderes suchen.

Mein Bruder war ehrgeizig und fing tatsächlich noch einmal eine Ausbildung an. Er arbeitete bei diesem Zahnarzt noch einige Zeit und bewarb sich dann bei einem anderen Labor. Hier wurde er als eine Art Abteilungsleiter eingestellt und erhielt seinen ersten Firmenwagen: Einen silbernen VW Scirocco.

Als Großfamilie mit geringem Einkommen mussten wir Jüngeren natürlich die Kleidung der anderen weitertragen. Außerdem gab es in der Nachbarschaft eine Familie mit ebenfalls drei Söhnen und auch von dort kam oft Kleidung für mich.

Als mein Bruder dann der „Großverdiener" war, da bot er uns seine wirklich gut erhaltene und qualitativ hochwertige Kleidung oft zum Kauf an.
Einmal war es eine rote Lederjacke, die er zunächst meiner Zwillingsschwester anbot. Die wollte diese Jacke aber geschenkt haben.

Als er mich dann fragte, bot ich ihm 10 DM an. Das war mein gesamtes Taschengeld.
Er sah mich an, nickte mir zu und sagte etwas von »dass wollte ich hören« und schenkte mir die Jacke.

Bei unseren Eltern tat er immer so, als ob er sich Sorgen um uns machen würde. Er „drohte" mit Ärger, falls er uns mit Alkohol oder Zigaretten erwischen würde.

Er suchte sich ein Apartment in Innenstadtnähe und dort besuchten mein Sandkastenfreund und ich ihn oft zum Skatspielen.

Da gab es dann immer Zigaretten und Alkohol, wir brauchten uns um nichts zu kümmern, einfach nur da sein und Kartenspielen.

Später hatte er immer Angst davor, dass wir eines Tages in seiner Stammdiscothek in der Innenstadt auftauchen würden, weil das ein Zeichen dafür wäre, dass er alt geworden sei.

Nebenbei arbeitete er zusammen mit einem anderen Zahntechniker am Wochenende noch bei einem Zahnarzt. Ich besuchte die beiden dort oft am Samstagvormittag und brachte ihnen Brötchen und Auflage. Aus dieser gemeinsamen Nebentätigkeit wuchs der Wunsch ein eigenes Zahntechnisches Labor zu eröffnen.

Zu der Zeit hatte er bereits seine zukünftige Frau kennengelernt. Die hatte sehr jung ein Kind zur Welt gebracht und beide hatten später noch eine gemeinsame Tochter.

In diesem Zusammenhang hat mein Bruder ein ein-

ziges Mal mit einer „Familientradition" gebrochen:
Er adoptierte den unehelich geborenen Sohn seiner
Frau.

Der Traum von der Selbstständigkeit wurde tatsächlich in die Wirklichkeit umgesetzt. Der Kompagnon
meines Bruders hatte bereits ein eigenes Haus und
darin war Platz für den Anfang ihres gemeinsamen
Wirkens. Also richteten sie dort ihr erstes Labor ein.
Mein Bruder gab seine Innenstadtwohnung auf und
zog wieder bei unseren Eltern ein. Natürlich nur solange, bis er ein eigenes Haus gefunden hatte. Darin
gab es jede Menge Umbauarbeit, bei der unser Vater
und ein handwerklich sehr geschickter Nachbar hal-
fen.
Ich besuchte zu dieser Zeit gerade die Berufsfach-
schule für Elektrotechnik in Bremen und „überprüf-
te" die Hauselektrik, installierte neue Schalter und
Steckdosen und verlegte so manche neue Leitung.

Das hat mir bei meiner „Schulkarriere" ein wenig
geholfen – allerdings lernte ich im Anschluss wegen
eines angeborenen Defektes meiner Lendenwirbel-
säule einen kaufmännischen Beruf und war bis zur
Rente im Finanz- und Rechnungswesen verschiede-
ner Unternehmen beschäftigt.

Mein Bruder musste immer, wenn er betrunken war,
in einem anderen Zimmer übernachten. Seine Frau
hat weder die alkoholbedingten Ausdünstungen noch

sein übermäßiges Schnarchen ertragen können.

Er konnte, wenn er betrunken war, ein sehr unangenehmer Zeitgenosse sein. Er sprach dann alles aus, was ihm gerade im Kopf herumspukte und ließ dabei keine Beleidigung und keine Person aus.

Egal ob es um die Frisur, das Aussehen im Allgemeinen, die körperliche Beschaffenheit oder den Zahnstatus ging, er knallte es seinem Gegenüber direkt ins Gesicht und hat sich nie dafür entschuldigt.

Als die gemeinsame Tochter noch sehr klein war, da wohnte ich eine Zeitlang sehr viel näher an ihm dran. Er kam oft am Wochenende zu mir – mit dem Fahrrad, was für ihn völlig ungewöhnlich war – und brachte seine Tochter mit.

So klein wie sie war, erzählte sie immer wieder von den Streitigkeiten ihrer Eltern. Später als junges Mädchen litt sie an einer Ess-Brech-Sucht und war deshalb in stationärer Therapie.
Mein damaliger Psychotherapeut, dem ich davon erzählte, sprach davon, dass sie offensichtlich die Ehe ihrer Eltern „zum Kotzen" fand.

Ich hatte meinen Bruder lange Zeit als Vorbild. Sein Fleiß und seine Großzügigkeit waren schon beeindruckend. Aber je stärker er dem Alkohol verfiel, desto mehr relativierte sich das.

Nachdem meine beiden Brüder als erstes Auto jeder einen weißen Renault R4 hatten – fast so kultig wie die Ente von Citroën – fuhr mein Bruder, von dem ich jetzt gerade berichte, später einen „optisch aufgemotzten" VW Käfer in Hellblau.

Allerdings – soweit ich mich erinnere – nicht lange! Das lag zum einen an seinem rasanten Fahrstil, zum anderen daran, dass er sich auch alkoholisiert ans Lenkrad setzte.

Eines Abends/Nachts fuhr er eine lange, gerade Straße von einem etwas außerhalb liegenden Stadtteil nach Hause. Er kam von einer Freundin und unter Alkoholeinfluss von der Straße ab. Der Wagen war Schrott und mein Bruder landete im Krankenhaus.

Weder aus solchen Unfällen noch aus anderen Geschehnissen gelangte er zu der Einsicht, dass er sein Auto besser stehenließ, wenn er etwas getrunken hatte.

Einmal wollte er angeblich nur den VW-Bus seines damals besten Freundes „umparken", als ihn Polizisten kontrollierten und er wieder einmal den Führerschein abgeben musste.

Ich weiß nicht wie oft er zur MPU (im Volksmund „Idiotentest") musste und wie es ihm jedes Mal gelang, den Führerschein wiederzubekommen.

Was ich aber weiß ist, dass er sich schon Tage vor diesem Termin übergeben musste und das hing sicherlich mit unser aller Versagensängsten zusammen.

So ging es ihm auch bei seinen Anläufen, die Meisterprüfung in seinem Handwerk abzulegen. Die Angst zu Versagen war so groß, dass er bei allen drei Terminen „versagt" hat.

Mein Bruder hat mir und meiner älteren Schwester einmal vorgeworfen, dass wir unsere Ehen viel zu schnell aufgegeben und weggeworfen hätten.
Sie, die von jedem Ehemann betrogen worden war und ich, der sich nach zwanzig Jahren von seiner ersten Frau hatte scheiden lassen, weil ich angeblich Schuld war an ihrer Alkoholabhängigkeit. So sahen das jedenfalls ihre TherapeutInnen und das, obwohl sie seit ihrem vierzehnten Lebensjahr regelmäßig zu viel getrunken hatte. Außerdem hatte sie sich während ihrer Suchttherapie gleich zwei „Lover" zugelegt.

Der Einzige, der abgehauen war, war mein Bruder. Er hatte gleich nach der Wende im Dreieck Rostock, Stralsund, Greifswald eine Filiale des zahntechnischen Labors eröffnet und kam nur noch am Wochenende nach Hause.

In dem angemieteten Haus in dieser ostdeutschen

Kleinstadt empfing er oft alte Freunde aus der „Heimat". Ich war auch ein paar Mal dort. Er hatte Massen von Alkohol im Haus stehen und trank während meiner Anwesenheit jeden Abend eine halbe bis dreiviertel Flasche Wodka.

Vor allem hatte er auch weiterhin seine Autounfälle, einmal sogar mit einem ebenfalls betrunkenen Geschäftspartner.

Überdies lebte er weit über seine Verhältnisse, wie sich später herausstellte.

Es war langsam Zeit an die Rente zu denken, er ging immerhin auf die siebenundsechzig zu, da brach sein fragiles, nur aus Fassade bestehendes Gerüst endgültig zusammen.

Sein Kompagnon hatte sich schon vor längerer Zeit von ihm getrennt und in der näheren Umgebung ein Labor unter dem ehemals gemeinsamen Firmennamen eröffnet.

Die Firma meines Bruders war pleite, er selbst hatte sich in den vergangenen Jahren seine Lebensversicherungen auszahlen lassen, damit er seinen Lebensstandard halten konnte und die Stunde der Wahrheit rückte unaufhaltsam näher.

Unser familiäres Verständnis von »Verantwortung für sein Handeln zu übernehmen« bestand darin, davor zu flüchten, und zwar im Suizid!

So hielt es auch mein Bruder und setzte seinem Leben 2015 mit einem Bademantelgürtel ein Ende.

Meine Zwillingsschwester hatte ebenfalls eine lange Suchtkarriere. Angefangen hat das Ganze mit unseren ersten eigenen Feiern. Wir waren eine Clique aus sechs Leuten – vier Jungs, zwei Mädchen – und konnten ganz oft bei uns im Keller feiern.
Wir hatten dort zwar noch keine (provisorische) Kellerbar, aber unsere Räumlichkeiten.

Unsere Eltern waren oft unterwegs um unsere Schwester in Gießen oder später in Nürnberg zu besuchen oder Verwandten in Aachen oder Zweibrücken auf die Nerven zu gehen.
Dann hatten wir immer sturmfreie Bude und konnten feiern. Das Beste daran war, dass es nie Beschwerden aus der Nachbarschaft gegeben hat.

Wir waren oft bis zu fünfzehn oder zwanzig Leute und es ging hoch her. Wie oft haben wir spät in der Nacht starken Kaffee gekocht und damit all jene versorgt, die von ihren Eltern abgeholt wurden, die nicht merken durften, dass ihre Kinder Alkohol getrunken hatten.

Auf den ersten Feiern, die nicht alle immer bei uns stattfanden, da teilten wir uns noch mit zwei oder drei Jugendlichen eine Flasche Alkohol. Später brachte jeder/jede die eigene Flasche mit. Es gab unterschiedliche Vorlieben. Die einen tranken Weinbrand, die anderen lieber Whiskey – der eine Scotch der andere Bourbon. Wieder andere tranken Wodka oder Likör.

Meine Zwillingsschwester hatte eine Ausbildung zur Friseurin angefangen und brachte immer mal Kolleginnen oder Mädchen aus ihrer Berufsschulklasse mit zu den Feiern. Mit Zweien davon war ich eine Zeitlang befreundet.

Eines Abends passierte meiner Schwester dasselbe wie unserem Vater: Sie musste sich übergeben. Allerdings nicht im Bett, sondern auf der Kellertreppe. Sie hatte einfach zu viel getrunken und nur Chips und Erdnussflips gegessen.
Ich holte also Wasser und einen alten Lappen und fing an die Treppe zu säubern. Auch wenn es sich pervers oder abartig anhört (bzw. liest), ich musste zwischendurch etwas Herzhaftes essen, sonst hätte ich mich auch ohne Alkohol konsumiert zu haben, ebenfalls übergeben.

Meine Schwester bekam immer häufiger Sehnenscheidenentzündungen und konnte ihre Ausbildung zur Friseurin deshalb nicht beenden. Sie fing in der Buchhaltung einer Speditionsfirma an zu arbeiten und blieb dort einige Jahre.

Dann verschaffte ihr unser Bruder, der durch seine

Selbstständigkeit eine Reihe neuer Freunde gewonnen hatte, eine Anstellung in einer weltweit tätigen Spedition, in der einer dieser Freunde Geschäftsführer war.

Wir sahen uns in dieser Zeit nicht mehr so oft. Sie und ihr Freund hatten angefangen sich ein Haus zu bauen und hielten sehr engen Kontakt zu meiner ehemaligen Verlobten, die mit meinem langjährigen besten Freund durchgebrannt war (nicht zu verwechseln mit meinem Sandkastenfreund, den ich seit über sechzig Jahren kenne).
Meine Schwester wurde sowohl bei denen als auch bei meiner Tochter aus erster Ehe Taufpatin.

Bei einer Familienfeier erfuhr ich dann, dass ihre Firma sie entlassen hatte, weil mit ihrem Passwort ein sehr, sehr großer Betrag vom Firmenkonto verschwunden war und dass, obwohl sie selbst im Urlaub in der Dominikanischen Republik war.

Als Nächstes wurde ihr Führerschein einkassiert. Angeblich hatte es irgendein Verkehrsrichter auf sie abgesehen, da sie ihm einmal an einer unübersichtlichen Stelle die Vorfahrt genommen hatte.

Im Nachhinein war das natürlich alles erfunden. Tatsächlich hatte ihr Alkoholproblem sowohl zur Kündigung als auch zum Verlust des Führerscheins geführt. Sie und ihr Freund trennten sich, das gemeinsame Haus wurde verkauft und meine Schwester lernte einen ebenfalls nassen Alkoholiker kennen, den sie tatsächlich auch heiratete.

Wir hatten uns gerade ein wenig wieder angenähert. Ich war zum zweiten Mal verheiratet und meine Schwester lud uns zu ihrer Hochzeit ein. Ihr Ehemann war in einer Freikirche engagiert und dort fand dann auch die kirchliche Trauung statt.

Meine Frau und ich werden diesen Moment wahrscheinlich nie mehr vergessen, als die beiden volltrunken die Kirche betraten und sich kaum auf den Beinen halten konnten.

Wir wohnten mittlerweile auf dem Land und an einem Sonntagnachmittag hatten wir die beiden zu uns zum Kaffee eingeladen. Irgendwann rief meine ältere Schwester aus der Eifel an und meinte, dass die beiden sich verspäten würden. Sie hätten sich wohl verfahren.

Wieso ruft sie dann nicht bei mir an, sondern bei unserer Schwester? Das wurde sehr schnell klar, als die beiden ankamen. Total betrunken wankten sie in unser angemietetes Häuschen. Wir hatten uns so viel Mühe gegeben, aber mit solch einem Verhalten nicht gerechnet.

Mein Schwager sprach – nein, von sprechen kann

man nicht mehr reden, er lallte – meiner Schwester zu, dass sie mir doch mal sagen solle, wie sehr ihm mein selbstgebackener Kuchen schmeckt. Ich saß ihm direkt gegenüber. Allerdings war ich auch hier nicht in der Lage, die Polizei zu informieren, als die beiden mit dem Auto wieder nach Hause fuhren. Sie mussten dazu auch mit einer Fähre über die Weser.
Aber wir haben daraufhin den Kontakt ganz abgebrochen.

Meine Tochter meldetet sich irgendwann bei mir, weil die Beerdigung unserer Mutter bevorstand. Mich hatte keiner meiner Geschwister über ihren Tod informiert. Ich telefonierte mit meiner älteren Schwester und erfuhr Tag, Uhrzeit und Ort der anonymen Urnenbestattung. Es war schon sehr ergreifend, als wir vier Geschwister in dem kleinen Raum vor der Urne Abschied nahmen.
Meine Tochter und die Frau meines Bruders hatten vor diesem Andachtsraum gewartet.

Irgendwann rief mich meine Zwillingsschwester dann doch noch einmal an. Sie hatte zum zweiten Mal Blutkrebs und war auf eine Stammzellenspende angewiesen. Ich sei da ihre letzte Hoffnung, da es sehr lange dauern würde über die DKMS gemeinnützige GmbH (früher: Deutsche Knochenmarkspenderdatei) einen geeigneter Spender zu finden.
Unsere älteren Geschwister kamen dafür nicht mehr in Betracht, da ab einem gewissen Alter Aufwand

und Nutzen nicht mehr in Relation stehen.

Ich ließ mich also testen und auch wenn einige Werte nicht übereinstimmten, so war ich als Zwilling der geeignetste Spender. Ich stimmte einer Stammzellenspende zu und wurde über Vorbereitung, Ablauf und mögliche Nebenwirkungen aufgeklärt.

Allerdings war ich nicht bereit, mich für die eine Woche Vorbereitungszeit in die gut zweihundertfünfzig Kilometer entfernte Klinik zu begeben, in der meine Schwester sich aufhielt.
Das war dann auch nicht notwendig, ich konnte in der Nähe meines Wohnortes spenden und ein Fahrteam der Uniklinik wartete bereits auf meine Stammzellen.
In der Woche vor dem Eingriff musste meine Frau Nieke mir ein Medikament spritzen, das die Anreicherung von Stammzellen im Blut anstieß.
Ich musste dann einen Vormittag zur „Blutwäsche" und wurde an einen Separator angeschlossen, der quasi zwischen der Zapfstelle im rechten Arm und dem Rückfluss im linken Arm angeklemmt wurde.

Hier wurden die Stammzellen aus dem Blut gefiltert und das bereinigte Blut zurückgeführt. Kurz vor Ende der Behandlung bekam ich eine Art Schüttelfrost und musste mit Calcium versorgt werden.
Meine Zwillingsschwester hatte seit diesem Eingriff meine Blutgruppe und musste in regelmäßigen Ab-

ständen zur Kontrolluntersuchung.

Die Zeitabstände wurden von Jahr zu Jahr größer und irgendwann war sie „geheilt". Ihr ging es eine ganze Weile gut, im Gegensatz zu ihrem Mann hatte sie mit dem Trinken aufgehört.

Sie rief sehr oft bei mir an, um sich immer wieder zu bedanken. Meine Frau und ich hatten aber nicht vergessen, wie die beiden sich damals aufgeführt hatten.

Irgendwann war es mir dann zu viel, ich schrieb ihr einen Brief und bat sie, mich zukünftig in Ruhe zu lassen. Jedes Telefonat war Small Talk, denn ich wollte nichts von unserem Leben preisgeben, da sie zu Menschen Kontakt hatte, die mich sehr verletzt hatten und sich nie dafür bei mir entschuldigt haben.

Eines Tages rief meine andere Schwester bei mir an und ich merkte sofort an ihrer Stimme und Stimmung, das etwas passiert war.

Meine Zwillingsschwester hatte in den vergangenen Jahren zwei weitere, andere Krebserkrankungen und war unter starken Schmerzen verstorben.

Wenn ich jetzt von meiner Mutter berichte, dann erfüllt mich so einiges immer noch mit großem Schmerz. Nicht das ich ihr nachtrauere, nein, ihr Verhalten war mit Abstand das Schlimmste, was mir widerfahren ist.

Ich habe erst sehr spät erfahren, dass ich (und natürlich auch meine Zwillingsschwester) nicht gewollt waren.

Wir Geschwister und die bereits vorhandenen Enkelkinder trafen uns wieder einmal bei ihr zum Geburtstag. Schon leicht angetrunken kam dann das Gespräch auch auf die „alten Zeiten".

Sie erzählte zum ersten Mal von ihrer Schwangerschaft mit uns Zwillingen und das sie – also die Familie – nicht noch zwei Mäuler am Esstisch gebrauchen konnten.

Also sei sie – wie einige Male vorher auch – auf das Dach des kleinen Hauses geklettert und heruntergesprungen, um uns loszuwerden. Wie oft es vorher geklappt hatte, erzählte sie nicht. Aber bei uns hat es nicht funktioniert!

Alle machten sich darüber lustig, auch meine Zwillingsschwester. Nur mir war überhaupt nicht zum Lachen zumute. Ich hätte Kotzen können!

Vielleicht waren meine Sprünge als Kleinkind mit vollem Mund vom Sofa oder Stuhl herunter ein pränatales Trauma. Denn den Erzählungen zufolge habe ich mich jedes Mal verschluckt und bin blau angelaufen, aber auch das habe ich überlebt.

Allerdings habe ich nach dieser Offenbarung meine Mutter nur noch selten besucht.

Meine Mutter war eine kaltherzige Frau, die auf

grausame Art bestrafen konnte. Wenn ich sie verärgert hatte, dann ignorierte sie mich einfach Tagelang.

Etwas, was sie und mein Vater gemeinsam hatten und das allein mich betraf, das kam auf, nachdem ihr Sohn nach der Schlägerei mit unserem Vater, ausgezogen war.

Beide sprachen mich immer mit seinem Namen an. Mich hatte es ja ohnehin nicht geben sollen, jetzt war ich ganz verschwunden. Auch später, als unser Vater nicht mehr am Leben war, erwartete sie wohl jedes Mal ihren unehelich geborenen Sohn, wenn ich durch die Tür kam und hörte zeitlebens nicht mehr damit auf.

Sie war später in einer privaten Pflegeeinrichtung untergebracht und litt auch schon an Demenz, als ich sie – von meinem ersten Langzeit-Psychotherapeuten dazu aufgefordert – auf diese Namensverwendung angesprochen habe.

Sie sah mich einen Augenblick überrascht an und sagte dann: „Ach hättest du doch früher einmal etwas gesagt, Klaus."

Sie hat ihre eigene Alkoholikerinnen-Karriere schon mit unserem Vater zusammen begonnen und auch nach seinem Tod fortgesetzt. Ja, sie legte nach seinem Ableben richtig los mit der Trinkerei.

Allerdings war ich auch dieses Mal der Einzige, der das so sah. Alle anderen konnten dieser Einschätzung nicht zustimmen, sie hätten ja ihr eigenes (Sucht-)Verhalten anschauen müssen.

Wie oft hat sie mich während meiner ersten Ehe angerufen und am Telefon beschimpft. Immer wieder mussten wir uns, wenn wir sie besucht haben, ihr Suff-Gelaber anhören.

Ihr Sohn, also mein Halbbruder, hatte einige Jahre zuvor verhindert, dass ich mein Elternhaus kaufen konnte, da lebten beide Elternteile noch. Meine Preisvorstellung war ihm zu niedrig.

Jetzt wo sie allein war und in dem großen Haus nicht mehr klarkam, da drängte er auf einen Verkauf.
Sie bekam eine kleine Mietwohnung und der Verkaufserlös – übrigens nicht mehr, als ich gut zehn Jahre vorher auch bezahlen wollte – wurde von einem mit ihm befreundeten Banker so angelegt, dass die monatliche Miete an sie ausgezahlt wurde.
So hatte sie ihre eigene kleine Rente und wahrscheinlich eine ebenfalls niedrige Witwenrente für sich zur Verfügung.

Während meiner ersten Ehe sollte sie ein einziges Mal auf meine noch ganz kleine Tochter aufpassen, da wir alle in einem naheliegenden Restaurant die Hochzeit meines Ex-Schwagers feierten.
Als ich zwischendurch einmal nach Hause kam, da lag meine Tochter in ihrem Erbrochenem und meine

Mutter war volltrunken. Während meine Exfrau unser Kind versorgte, fuhr ich meine Mutter nach Hause. Wir haben ihr unsere Tochter nie wieder anvertraut.

Später, als sie etwas älter war, da wollte sie nicht mehr mit zu Oma. „Die stinkt immer so, meine andere Oma nicht!"

Natürlich habe ich die Entscheidung meiner Tochter respektiert, auch wenn meine Mutter das nicht verstanden hat.

Eines Abends rief eine Nachbarin bei mir an, weil meine Mutter im Treppenhaus gestürzt war und sich eine blutige Kopfwunde zugezogen hatte. Sie wollte aber keine Hilfe annehmen.

Also bin ich zu ihr gefahren, sie sah schlimm aus, hatte sich aber einfach ins Bett gelegt.

Da es sich um eine größere Wunde handelte, die noch immer blutete, rief ich in einer Klinik an und bat um einen Rettungswagen. Aufgrund ihres volltrunkenen Zustandes wurde das abgelehnt, ich sollte sie selbst hinbringen.

Was musste ich für Beschimpfungen über mich ergehen lassen, als sie auf einem Krankenhausbett ärztlich versorgt wurde.

Einmal war sie bei der Schwiegermutter ihres Sohnes zum Grünkohlessen eingeladen und trank dort nur Mineralwasser. Umso erstaunter und entsetzter

waren alle Anwesenden, als sie mit dem Gesicht in ihren vollen Teller fiel.
Sie hatte kurz vor dem Termin zu Hause getrunken und die Wirkung ließ nicht lange auf sich warten.

Als ihr Sohn und sein Geschäftspartner in Ostdeutschland ihr Labor eröffneten, da war sie natürlich auch eingeladen. Die beiden hatten einen Bus gemietet, um ihre Gäste dort hinzufahren und mein Bruder hatte ihr eingeschärft, keinen Alkohol zu trinken.
Berichten einiger TeilnehmerInnen zufolge waren beide – meine Mutter und ihr Sohn – auf der Rückfahrt volltrunken und verhielten sich entsprechend.

Es gab viele solcher Situationen, aber meine Mutter hatte ja kein Alkoholproblem. Zweimal habe ich sie wegen eines Schlaganfalles in die Klinik gebracht, aber mehrmals wegen ihrer Krampfanfälle.

Diese Krampfanfälle entwickelten sich zu einem ernsten Problem. Immer wenn sie meine ältere Schwester mit den Zwillingsmädchen besucht hatte, dann erlitt sie kurz nach der Rückkehr einen solchen Zusammenbruch.
Natürlich waren aus ihrer Sicht immer die Enkeltöchter Schuld daran. Dass es sich um Krampfanfälle aufgrund eines – nach längerer Trinkpause – übermäßigen Alkoholkonsums handelte, davon wollte niemand etwas wissen.

Ich hatte mittlerweile genug Probleme mit meiner Ex-Frau, die ja auch nasse Alkoholikerin war, so konnte ich mich nicht mehr um Mutters nächsten Anfall kümmern.

Ich delegierte das an meine Zwillingsschwester und unseren Halbbruder, die für einen Klinikaufenthalt sorgten.

Meine Geschwister waren sich darin einig, dass es sich hierbei um epileptische Anfälle handelte. Als ich meine Mutter in der Klinik besuchte, fragte ich den behandelnden Arzt danach, ob meine Geschwister auf die Alkoholabhängigkeit hingewiesen hatten – hatten sie natürlich nicht.

Unserer Mutter hatte man vor einiger Zeit aufgrund von Brustkrebs selbige entfernt, dazu kamen der Suchtstatus und die Krampfanfälle.

Die Ärzte rieten meinen Geschwistern, einen Platz in einer Pflegeeinrichtung zu suchen, da sie unsere Mutter nicht mehr in ihre Wohnung zurücklassen würden.

Stattdessen kam sie auf die Klinikeigene Geriatrie-station, und zwar so lange, bis es einen Heimplatz für sie gab.

Den fanden meine Geschwister dann in einem priva-ten Pflegeheim. Unsere Mutter bekam ein schönes Zimmer und hatte ihr eigenes Bad. Das Essen gab es im Gemeinschaftsraum. Der über lange Zeit extreme

Alkoholkonsum und die Schlaganfälle sorgten dafür, dass sie viele Wörter nicht mehr fand und Sätze nicht zu Ende sprechen konnte.

Wir mussten diese dann immer zu Ende denken und sprechen, sie nickte, wenn es richtig war.

Der Krebs kam zurück und breitete sich aus, auch wurde sie im Laufe der Zeit immer dementer.

Ich hatte in dieser Zeit keinen Kontakt zu ihr und auch nicht zu meiner Zwillingsschwester, daher erfuhr ich erst sehr spät, dass die privaten Heimbetreiber insolvent waren und unsere Mutter noch einmal umziehen musste.

Auch von ihrem Tod habe ich ja nur „zufällig" erfahren, weil meine Tochter aus erster Ehe mich informiert hatte.

Es wurde eine sehr emotionale Beisetzung in einem anonymen Urnenfeld und ohne eine Trauerfeier und -gäste. Nur wir vier Geschwister, meine Tochter und die Frau von meinem Bruder.

In den 1980er Jahren waren mein damaliger bester Freund (wie schon erwähnt, nicht mein Sandkastenkumpel) und ich schon einige Jahre mit unseren Freundinnen zusammen.

Wir, die wir sonst jeden Abend noch ein oder zwei Stunden zusammen unterwegs waren, sahen uns jetzt nur noch am Wochenende.

Er hatte zwischendurch eine kurze Affäre, war danach aber in die gemeinsame Wohnung zu seiner Lebensgefährtin zurückgekehrt.

Bei mir und meiner Freundin war das ganz anders!
Es gibt Paare, die wollen ihre Ehe retten, indem sie Kinder in die Welt setzen oder sich Häuser kaufen. Unsere Idee uns zu verloben war aus späterer Sicht dem Versucht geschuldet, unsere Beziehung zu retten. Das hat aber nicht geklappt!

Stattdessen hat sie angefangen mich mit besagtem besten Freund zu betrügen. Beide trennten sich nach einiger Zeit der Heimlichkeiten von ihren jeweiligen Partnern und heirateten später.

Jetzt machte ich einen ganz entscheidenden Fehler, der mich viele Jahre Energie und Lebensqualität gekostet hat: Ich trauerte diesem doppelten Verrat und Verlust nicht nach.

Ich versuchte bei der erstbesten Gelegenheit die entstandene Lücke zu füllen und den Schmerz und die Trauer einfach zu verdrängen.

So lernte ich meine Ex-Frau kennen. Sie tauchte durch einen Zufall in der Clique auf, die durch den Seitensprung und die Trennung um zwei Personen dezimiert war.
Mein Auto war an diesem Wochenende beim Lackie-

rer und ich war auf eine Mitfahrgelegenheit zu unserem Restaurantbesuch angewiesen.

Ich habe mich beim Essen längere Zeit mit ihr unterhalten und sie erzählte von ihren Versuchen ein geeignetes Ladenlokal zu finden, in dem sie sich mit ihrem Hobby selbstständig machen konnte. Ihr Vater hatte sie dazu „gedrängt".

Ich begleitete sie auf ihren Wunsch hin zu ein paar Besichtigungen und irgendwann, kurz vor dem Tod meines Vaters, wurden wir ein Paar.

Immer wenn sie anrief, um mich zu sprechen (zu der Zeit gab es noch keine Handys und Smartphones) und mein Vater das Gespräch annahm, dann schnauzte er sie an »sie solle seinen Sohn in Ruhe lassen, der sei schließlich verlobt«.
Er hatte in seinem, vom Alkohol vernebelten Hirn die Trennung nicht mehr abspeichern können.

Wenn wir uns mit der Clique zum Essen trafen, dann musste sie anschließend gleich nach Hause. Das war so manches Mal ganz schön nervig, wollten wir doch meistens noch woanders hin.

Nach einiger Zeit stellte sich heraus, dass sie von Tabletten abhängig war, und zwar von Abführtabletten. Sie war bis vor ein paar Jahren sehr dick gewesen und hatte mit einer berühmten Abnehmgruppe ihr

Gewicht übermäßig stark reduziert. Leider hatte das aber auch ihren gesamten Stoffwechsel und Hormonhaushalt durcheinander gebracht.

Aber die Tablettensucht war nicht ihre einzige Baustelle!
Ab Donnerstagabend gönnte sie sich immer ihre Flasche Wein. Der Körper reagierte bereits darauf, denn ihr gesamter Schulter-Nacken-Bereich und ihr Dekolletee wurden bereits nach dem ersten Glas knallrot und heiß.
Die Trinkerei ging dann bis Sonntagabend. Von Montag bis Mittwoch rührte sie in unserer Anfangszeit keinen Alkohol an.

Sie war in erster Ehe mit einem alkoholkranken Soldaten verheiratet, der so manchen Mist im Suff angestellt hatte. Inklusive einer Messerattacke, die nach ihrer Trennung von ihm vom Balkon ihrer Wohnung aus erfolgte und bei der eine große Fensterfront zu Bruch ging.

Die Scheidung hatte er durch allerlei Eingaben seines Anwaltes bei Gericht bereits um ein oder zwei Jahre hinausgezögert. Wir haben dann Druck gemacht, weil wir heiraten wollten und auf einmal ging es ganz schnell.

Zu unserem Polterabend kam dann auch die ehemalige Clique, sowie meine Ex-Verlobte und mein Ex-

Freund. Das war ein sehr anstrengender Abend.

Zwei Jahre nach unserer Hochzeit kam unsere Tochter zur Welt, meine Ex-Frau war schon längere Zeit nasse Alkoholikerin, die kein Saufgelage ausließ.

Unsere Tochter wurde mit einigen Fehlbildungen per Kaiserschnitt auf die Welt geholt, eine normale Geburt hätte sie nicht überlebt.
Es standen einige Operationen an, unter anderem eine am offenen Herzen.

Der Alkoholkonsum meiner Ex-Frau war immer noch steigerungsfähig. Sie regte sich über meine alkoholsüchtige Mutter auf, verhielt sich aber genauso. Ich hatte die Alkoholabhängigkeit längst erkannt und war wieder in meiner Co-Abhängigkeit gefangen. Ich hatte nicht gelernt mich anders zu verhalten oder mich abzugrenzen, also blieb ich aus Sorge um meine Tochter, denn meine Ex-Frau wollte mit einem Mal keine Operation mehr erlauben.

Wir wohnten in der oberen Etage ihres Elternhauses.
Am Grundstücksende stand ein Dreifamilienhaus, das meinem Ex-Schwager gehörte. Zwei Wohnungen dort waren vermietet.
In einer wohnte ein Ehepaar mit seinem Sohn, der in der Pubertät war.
Der Ehemann war ebenfalls nasser Alkoholiker und obwohl er eine gute Anstellung im Büro hatte,

trickste er oft mit der Mietzahlung herum und erfand dann irgendwelche Ausreden. Seiner Frau war das sehr unangenehm und einige Jahre später trennte sie sich von ihm.

Irgendwann fehlten meinem Ex-Schwager alkoholische Getränke aus seinem Vorratskeller und sofort wurde der Sohn der Mieter verdächtigt, weil er des Öfteren mit einigen anderen Jungs aus der Nachbarschaft am Kellereingang zu sehen war.

Tatsächlich hatte sich meine Ex-Frau an den Getränken vergriffen, was sie aber erst ein paar Jahre später zugab.

Am Wochenende legte ich regelmäßig meine Tochter in ihren Kinderwagen und schob mit ihr oft stundenlang durch die Gegend.
Auch fuhr ich zum Monatsende öfter am Wochenende in die Firma und arbeitete dort für den Abschluss vor.
Das waren bereits die ersten Anzeichen von Flucht aus dieser Ehe, ohne dass ich das hätte benennen können.

Egal an welchen Feierlichkeiten wir teilgenommen haben, meine Ex-Frau war immer betrunken. Wein gab es jetzt täglich und auch nicht erst am Abend.

Immer häufiger kam sie mit absurden Behauptungen

daher. Eine davon war, dass ständig irgendwelche Frauen für mich anrufen würden, was natürlich nicht stimmte, mich aber stark an das Verhalten meines Vaters und seiner Schwester erinnerte.

Nach ganz extremen Exzessen gab es eine Art „Entschuldigungs-Sex".

Sie bekam über eine Freundin eine Aushilfstätigkeit vermittelt, bei der auch einige andere Frauen aus der Nachbarschaft mitarbeiteten.

Eine direkte Nachbarin wollte meine Ex-Frau nicht dabei haben. Diese war ein Spiegel für sie, da sie ebenfalls nasse Alkoholikerin war.

Meine Ex-Frau sorgte dafür, dass das im Unternehmen bekannt wurde und diese Nachbarin verlor ihren Job.

Ich verlor dadurch einen Freund, den ich seit der gemeinsamen Berufsschulzeit kannte. Es handelte sich nämlich um seine Schwägerin.

Unseren letzten gemeinsamen Urlaub verbrachten wir auf Texel, wobei von „gemeinsam" keine Rede sein konnte. Während unsere Tochter und ich die gesamte Insel erkundeten und vieles unternommen haben, war meine Ex-Frau überhaupt nicht mehr nüchtern anzutreffen.

Wir brachen den Urlaub vorzeitig ab und noch auf dem Rückweg mussten wir bei einem Discounter anhalten, damit sie sich mit Nachschub versorgen konnte. Eine Ausrede dafür hatte sie natürlich parat.

In dieser Zeit fing sie an auf härtere Getränke umzusteigen und ging so manchen Morgen mit einem Becher voll Weinbrand anstelle von Kaffee zu ihrer Mutter an den Frühstückstisch.

Eines Abends bat sie mich darum, sie in die Klinik zu fahren und eine Freundin sollte uns begleiten.
Sie hatte mittags betrunken auf ihrem Bett gelegen und trotzdem mitbekommen, dass unsere Tochter am Telefon jemanden ihretwegen belogen hatte. Da hatte sie erkannt, dass es so nicht weitergehen konnte.

Sie wurde an diesem Abend nicht aufgenommen. Stattdessen bat man sie, am nächsten Vormittag wiederzukommen, wenn sie es denn ernst meine.

Während sie am nächsten Tag die Formalitäten für die stationäre Aufnahme erledigte, wurden ihre Freundin und ich von einem Mitglied einer Suchthilfegruppe mit Kaffee und Informationen versorgt.

Es folgte eine stationäre Entgiftung, verbunden mit einer Kontaktsperre.
Ich wurde während ihres Aufenthaltes in der Klinik einmal zu einem Paargespräch eingeladen, in dem wir unsere unterschiedlichen Sichtweisen auf unsere Beziehung darlegen konnten.

Vor und während dieser Zeit hatte ich bei einem Therapeuten meiner Krankenkasse ein paar Gesprächstermine, eine Therapie lehnte die Kasse aber ab.

Ich hätte nicht im Traum daran gedacht, was dieser Klinikaufenthalt alles ausgelöst und bewirkt hat.
Die Patient:Innen mussten, wenn sie stabil waren, die Gruppenabende unterschiedlicher Sucht-Selbsthilfegruppen besuchen.
Meistens habe ich diese kleine Gruppe, der sich meine Ex-Frau angeschlossen hatte, gefahren und ein paar Mal habe ich selbst an solchen Gesprächsrunden teilgenommen.

Wir blieben dann bei einer Gruppe „hängen". Dort gab es auch mehrere Angehörige, die ihre Partner:Innen begleiteten. Oft waren so viele Teilnehmer anwesend, dass die Gruppe sich aufteilen musste.

Obwohl meine Ex-Frau immer wieder darauf hingewiesen hat, dass sie seit ihrem **14. Lebensjahr** regelmäßig Alkohol getrunken hat, war aus Sicht der Klinik-Therapeut:Innen **ich** plötzlich schuld an ihrer Suchterkrankung und man riet ihr dringend, sich von mir zu trennen.

Der Therapeut meiner Krankenkasse kannte diese Vorgehensweise der Klinik. Er hatte schon häufiger erlebt, dass es egal war, was die Suchtkranken in ihrem bisherigen Leben an traumatischen Ereignissen erlebt hatten, es war immer der Partner oder die Partnerin der Auslöser der Suchterkrankung.

Nach der klinischen Entgiftung hatte meine Ex-Frau eine stationäre Sucht-Therapie bewilligt bekommen, die in einer auf Frauen spezialisierten Klinik stattfinden sollte.
Sie lehnte ab und wollte unbedingt in der Klinik bleiben, in der die Entgiftung stattgefunden hatte und die vor Ort war.

Hier hatte sie ihren Freundeskreis gefunden und einen neuen Partner!
Es handelte sich um einen schwergewichtigen, zweifachen Mörder. Er hatte die Vergewaltiger seiner Nichte umgebracht.

Meine Ex-Frau tauchte mit ihm in unserer Wohnung auf, was weder ihrer Mutter, noch ihrem Bruder behagte. Aber das störte sie nicht weiter.

Lange hielt diese Liaison aber nicht. Sie orientierte sich um und kam mit einem anderen Mitpatienten zusammen, mit dem sie auch gleich Zukunftspläne schmiedete. Dann wurde sie aus der Klinik entlassen.

Eines Tages fand ich zu Hause in einer Schublade einen Mietvertrag und einen Kontoeröffnungsantrag.

Beide waren auf sie und ihren neuen Partner ausgestellt. Aber sie zog nicht aus. Die Situation in unserer Wohnung wurde immer unerträglicher und ich fing an, nach einer Wohnung für mich und unsere Tochter zu suchen.

Es stellte sich heraus, dass sie sich auch von diesem Mann getrennt hatte, er war mehrmals rückfällig geworden.
Irgendwann habe ich es nicht mehr ausgehalten und sie auf ihren längst fälligen Auszug angesprochen.
Die Trennung, der Auszug, das Verbleiben von unserer Tochter in ihrem gewohnten Umfeld, das waren ja alles ihre Ideen und Vorstellungen gewesen.

Auf einmal ging es ganz schnell. Sie hatte in kürzester Zeit eine Wohnung in einer benachbarten Kleinstadt.

Ich war mittlerweile Mitglied dieser Selbsthilfeorganisation geworden und wir „Jüngeren" hatten sogar die Gründung einer eigenen Gemeinschaft angestoßen.

Meine Ex-Frau machte daraus, dass ich ihr jetzt erzählen wolle, wie sie sich zu verhalten habe, um trocken zu bleiben. Sie hat lange Zeit nicht verstanden, dass ich als langjähriger Angehöriger und Co-Abhängiger auch einiges aufzuarbeiten hatte.

Einmal in der Woche, wenn ich Gruppenabend hatte, fuhr unsere Tochter von der Schule aus zu ihr. Leider hat sie diesen Termin auch sehr oft abgesagt.

Irgendetwas veränderte sich im Verhältnis zu meiner Tochter, ohne das ich es bemerkt habe. Plötzlich und für mich völlig überraschend wolle meine Ex-Frau wieder in ihr Elternhaus zurückziehen und mit unserer Tochter zusammenleben.
Ich wurde aufgefordert, mir anderen Wohnraum zu suchen und auszuziehen.

Ich fand relativ schnell eine schöne, geräumige Wohnung über zwei Etagen. Ein Balkon und ein kleiner Garten gehörten ebenfalls dazu.

Meine Ex-Frau bekam seit ihrem Auszug Trennungsunterhalt von mir. Aufgrund meines sehr guten Einkommens war das mit der eigenen Wohnung und dem Unterhalt kein Problem. Auch das Deponat konnte ich ohne Schwierigkeiten aufbringen.

Wir waren jetzt drei Jahre getrennt und ich lernte kurz nachdem ich meine erste Wohnung, in der ich ganz allein lebte, bezogen hatte, meine zweite Frau Nieke kennen.

Wir zogen sehr schnell zusammen und ich sprach mit meiner Ex-Frau darüber, dass ich die Scheidung wollte.

Die wollte erst einmal eine professionelle Mediation durchführen lassen und ich erklärte mich einverstanden.

Eine Mediation dient doch eigentlich dazu, dass man sich auf Augenhöhe begegnet, den anderen respektiert und jeder seine Sicht auf die ungeklärten Sachverhalte darstellen kann.

Dazu sollten die Beteiligten eine gewaltfreie Kommunikation führen und auf „Du-Botschaften" verzichten.

Hier ging es aber plötzlich um finanzielle Belange, die für den Fall einer Scheidung geklärt sein sollten und nicht um unsere Anteile am Scheitern unserer Ehe.

Es ging um den Hund, den sie als Ersatz für das zweite Kind haben wollte und um die Übernahme der laufenden Kosten, wie Hundesteuer und Tierhalterhaftpflicht.

Ich brach die Mediation nach der zweiten Sitzung ab und suchte mir eine Anwältin, die die Scheidung bei Gericht einreichte.

Auch meine Ex-Frau nahm sich eine Anwältin, von der ich zusätzlich zum Schriftverkehr im Scheidungsverfahren weitere Post bekam, weil der Hund jemanden gebissen hatte. In ihren bisherigen Briefen war sie nicht gerade zimperlich mit mir umgegangen und meine Anwältin musste sie schriftlich zu einem gemäßigteren Umgangston anhalten.

Die Anwältin warf mir vor, dass ich ohne meine Ex-Frau zu informieren, die Haftpflichtversicherung für den Hund gekündigt hatte, die ja seit der Anschaffung auf mich ausgestellt war.

Zum Glück hatte ich den gesamten E-Mail-Verkehr bezüglich der Tierhalterhaftpflicht aufbewahrt. Auch ein alter Versicherungsschein, der auf meine Ex-Frau lautete, befand sich noch in meinen Unterlagen.
Also schrieb ich an ihre Anwältin und habe nie wieder etwas davon gehört.

Es wurde eine sehr schmutzige Scheidung in der sich unsere Tochter an der Seite ihrer Mutter positionierte.

Ihre eigene Therapie hat sie abgebrochen, als sie aufgefordert wurde, sich von ihrer Mutter abzugrenzen.

Ich bekam eines Tages sehr unangenehme Post von der ehemaligen Anwältin meiner Ex-Frau. Jetzt vertrat sie meine Tochter, weil ich zu wenig Unterhalt bezahlen würde.

Meine Tochter macht eine schulische Ausbildung zur Logopädin, die rund 20.000 Euro kosten sollte.
12.000 Euro standen ihr aus einer Ausbildungsversicherung zur Verfügung, die ich 18 Jahre lang bezahlt hatte.

Ihr Bafög-Antrag war abgelehnt worden, weil ich zu viel verdiente. Ohne mich persönlich darauf anzusprechen und mich zu bitten, die Summe einmal zu prüfen, ist sie auf Anraten ihrer Mutter gleich zur Anwältin gegangen.

Die 12.000 Euro fielen unter den Tisch (Lebensversicherung zu Gunsten meiner Ex-Frau. Die Auszahlung erfolgte an diese), ich musste tatsächlich mehr Unterhalt an meine Tochter bezahlen und habe den Kontakt zu ihr komplett abgebrochen.

Wir hatten uns ohnehin nur noch selten getroffen und dann zusammen Eis gegessen oder Kaffee getrunken. Persönliches habe ich ihr nicht mehr angetraut, ich wollte nicht, dass das bei ihrer Mutter landet.

Alle Versuche über die verschiedensten Anwälte (m/w/d) die Unterhaltszahlungen an meine Ex-Frau einstellen zu können, haben mich nur Geld gekostet aber keinen Erfolg gebracht.
Kein(e) Anwalt/Anwältin hat das gemacht, was ich wollte, sondern immer ihr eigenes Ding durchgezogen.

Fazit:
Von den Eltern nicht gewollt. Die erste Ehe gescheitert. Kein Kontakt mehr zur Tochter und zu meinen Geschwistern (mit Ausnahme meiner älteren

Schwester). Beruflich mehr sein wollen, als ich tatsächlich konnte. Mein erstes Burnout hatte mich erwischt.

Mittlerweile war mein eigener Leidensdruck, auch durch den verantwortungsvollen und stressigen Job (60 Stunden in der Woche) so groß geworden, dass ich eine Rehamaßnahme beantragt habe.

Ich bekam innerhalb kürzester Zeit einen dreiwöchigen, stationären Aufenthalt in einer psychosomatischen Klinik bewilligt.

Allerdings fand ich, dass die psychotherapeutischen Einheiten (Einzel- und Gruppengespräche) einfach zu kurz kamen und so lehnte ich die mir angebotene Verlängerung ab und suchte mir stattdessen in meiner Heimatstadt einen Psychotherapeuten.
Ich bekam eine weitere, ambulante Therapie mit 25 Stunden, sowie eine Verlängerung bewilligt.

Was ich nicht wusste und von Seiten des Therapeuten auch gar nicht erläutert wurde, es handelte sich um eine Verhaltenstherapie.
Ich bekam einen langen Fragebogen, auf dem ich über hundert Aufgaben einem Schwierigkeitsgrad zuordnen sollte.

Je schwerer es mir fallen würde, die Aufgabe zu bewältigen, desto höher die Ziffer, die ich ankreuzen musste. Der Therapeut verlangte dann immer wieder einmal, dass ich mich solch einer Aufgabe stelle.

Während dieser Therapiezeit war ich noch in der Selbsthilfegruppe aktiv. Wir hatten mit einer Mischung aus alten und neuen, jüngeren Mitgliedern eine neue Gemeinschaft innerhalb des Landesverbandes gegründet.

Als Schriftführer war ich Mitglied des Vorstands, aber unsere Ideen bezüglich Öffentlichkeitsarbeit, erweiterten Gesprächsangeboten und vielem mehr, wurden von den „Alten" belächelt und teilweise sogar blockiert.

Mein Therapeut versuchte mir klarzumachen, dass ich dort nichts zu suchen hatte, da bei mir keine Disposition zur Sucht vorlag.

Seit einiger Zeit verteilte ich „Gruppen-News" in gedruckter Form an unsere Mitglieder. Darin befanden sich Termine für die Gruppenabende, Vorträge, Rückblicke und allerlei mehr.

Mein letztes Blatt löste eine Lawine aus.

Nach einigen internen Querelen, vor allem mit unserem Vorsitzenden, habe ich mir den Rat meines Therapeuten zu Herzen genommen und mitgeteilt, dass ich zum Jahresende nicht nur die Gruppe, sondern die gesamte Organisation verlassen werde.

Allerdings wollte ich noch eine Zeitlang in die Gesprächsgruppe kommen. Das war auch gut so, denn hier traf ich 2003 auf meine Ehefrau Nieke, die jetzt seit über 21 Jahren trocken ist.

Aber auch in der Gesprächsgruppe gab es Ärger mit dem Vorsitzenden. An einem Abend unterbrach er gleich zwei Frauen und teilte ihnen mit, dass ihre Sorgen und Probleme keinen Platz in der Gruppe hätten und sie stattdessen einen Psychotherapeuten aufsuchen sollten.
Da bin ich explodiert und die anstehende Pause musste verschoben werden.

Wo, wenn nicht innerhalb des geschützten Raumes einer Gesprächsgruppe die einen versteht, soll man über die Probleme mit Suchtdruck, Ängsten und anderen Auswirkungen denn reden.

Auf einen Therapeuten zu verweisen, kann nur einem nicht Suchtgefährdeten einfallen, denn der hat ja auch keine Ahnung davon, dass diese Berufsgruppe Wartezeiten von einem halben Jahr und länger haben.

Ich gehörte auch nicht zu den Suchtgefährdeten, aber durch meine Depressionen und mein Burnout waren mir diese Zeitspannen durchaus geläufig.

Wir haben diesen Abend zum Anlass genommen zu gehen und verschiedene andere Gruppen auszuprobieren. In der einen waren einige Menschen, die für eine Therapie keine Zeit hatten, weil sie selbstständig waren und so nie an ihre Minenfelder herankamen. Es gab entsprechend Rückfälle.

Einer, der sich uns anvertraut hatte, wollte seinen Rückfall nicht offen machen und sprach weiter davon, dass er schon so lange trocken sei.
Er entschied sich schließlich doch dafür, innerhalb der Gruppe darüber zu sprechen, weil wir es sonst gemacht hätten. Leider ist er total abgestürzt.

Eine Frau aus der Gruppe bereitete ihren Kuchen immer noch mit Rum-Aroma zu und eine Ärztin, die auf einer Palliativstation arbeitete, ging lieber wieder in den Kontakt zu ihren Eltern (ihr Minenfeld) und versuchte „kontrolliert" zu trinken.

Das passte alles nicht in unsere Vorstellung von zufrieden trocken leben. Wir kontrollierten und prüfen noch heute beim Einkaufen jedes Produkt, ob darin Alkohol enthalten ist (Aufbackbrötchen, kleine Fertigkuchen, manche Desserts u.v.m.).

In der Tageszeitung wiesen wir in Leserbriefen darauf hin, dass „alkoholfreie" Getränke (Bier, Wein, Sekt u.a.) eben nicht komplett alkoholfrei waren und für suchtkranke Menschen beispielsweise ein sogenanntes „alkoholfreies Bier" der Einstieg in den Rückfall bedeuten konnte (auch wegen des Geschmacks). Nieke und ich kamen beide aus Suchtfamilien und hatten da unsere Erfahrungen. Mein Vater war durch den Genuss einer Tafel Schokolade der Sorte „Traube-Nuss" nach einem halben Jahr wieder rückfällig geworden.

Niekes Vater hatte sich gar nicht mit seiner Sucht auseinandergesetzt.

Wir zogen nach einiger Zeit aufs Land, ganz in die Nähe meiner Arbeitsstelle. Dort hatten wir ein 100 m² Haus und 1400 m² Garten für uns alleine.

Es dauerte fast sieben Jahre (kurz vor unserem Wegzug), bis meine Kolleg:Innen uns dort einmal zum Grillen besucht haben, denn bei uns gab es keinen Alkohol.

Der war aber auch dort das Wichtigste!

Egal ob wir auf den Bremer Freimarkt fuhren oder eine Weihnachtsfeier mit der Abteilung hatten, es wurde so viel wie möglich auf „Firmenkosten" getrunken. Es hat mich gewundert, dass es hier noch keine Abhängigkeiten gab.

Ich hatte vor einigen Jahren neben meiner Arbeit, abends und am Wochenende, eine Weiterbildung zum Bilanzbuchhalter durchlaufen und mit dem Ablegen der Prüfung vor der Handelskammer bestanden.

Jetzt hatte ich eine sehr gut bezahlte Anstellung in einer Unternehmensgruppe. Leider hat man meine Aushilfskraft entlassen und mich mit der Lohn- und

Gehaltsabrechnung für zwölf Firmen mit insgesamt fast vierhundert Mitarbeiter:Innen allein gelassen. Zu meinem Aufgabenbereich gehörten natürlich auch alle administrativen Arbeiten im Personalwesen und einiges mehr.

Da es keine Vertretung für mich gab, habe ich keinen längeren Urlaub nehmen können, sondern alle zwei Monate 5 Tage Urlaub gemacht. Und das redete ich mir auch noch schön.

Es kam bei mir immer häufiger zu Migräneanfällen und Kreislaufzusammenbrüchen. Ich steckte mitten im Burnout und wollte es nicht wahrhaben.

Aber, ich fing an, mich nach einem anderen Arbeitsplatz umzusehen und führte einige interessante Vorstellungsgespräche. Ich muss zugeben, dass ich jedes Mal Angst davor hatte, dass es genauso wird, wie an meinem damaligen Arbeitsplatz.

Nach 21 Jahren im Alter von 55 Jahren verlor ich durch einen Teilverkauf eines Firmenbereiches meinen Arbeitsplatz.

Aufgrund meiner krankheitsbedingten Ausfälle hatte mein Chef mir ohnehin deutlich zu verstehen gegeben, dass man mal über eine Trennung nachdenken müsse.

Tatsächlich verloren fast 40 Mitarbeiter:Innen aus verschiedenen Abteilungen und Firmen durch den Verkauf ihren Arbeitsplatz.

Jetzt stand ich also unter Zugzwang. Natürlich hätte ich in die Arbeitslosigkeit gehen können, im Einzugsbereich unserer Wohnung (bis 50 Kilometer Entfernung) gab es keinen adäquaten Arbeitsplatz für einen „älteren" und „teuren" Mann.

Ich habe meine Suche dann bundesweit ausgedehnt und fast 200 Bewerbungen (online und postalisch) verschickt. Es wurde eine kleine Rundreise durch die Republik.

In Sachsen (nahe Dresden) fing ich in einem Firmenverbund mit fast der gleichen Anzahl Firmen und Mitarbeiter:Innen an, wie an meinem alten Arbeitsplatz. Nur hier weder als „Einzelkämpfer", noch in leitender Position.
Ich war einer wesentlich jüngeren Frau unterstellt und das war genau richtig. Leider wurden wir als „Wessis" dort angefeindet und ausgegrenzt.
So sind wir weitergezogen.

In Nordrhein-Westfalen fing ich in einem Rechenzentrum an, das eine eigene Abrechnungssoftware bundesweit verkaufte und betreute.
Obwohl ich eine ähnliche Tätigkeit schon einmal fünf Jahre lang ausgeübt hatte, war ich dem Stress nicht mehr gewachsen.
Es kamen erneut Migräneanfälle und es plagten mich Versagensängste.
Auf meiner alten Stelle hatte ich vor meiner Entlas-

sung nur noch 22 Stunden in der Woche gearbeitet (und immer noch mehr verdient, als die jüngeren Kolleg:Innen, die Vollzeit beschäftigt waren), hier waren es 30 Stunden.

Mein erster Zusammenbruch führte zu einer Arbeitszeitreduzierung auf 25 Stunden in der Woche (mein Chef hat mir in einem Gespräch gesagt, dass eine weitere Reduzierung nicht möglich sei, er müsse schließlich auch noch Geld mit mir verdienen).

Aber es wurde nicht besser, im Gegenteil!

Man sagt: Angst sitzt in der Blase! Tatsächlich musste ich im Büro alle halbe Stunde zur Toilette.

Dass ich nur Teilzeit arbeitete und so als letzter kam, aber als erster wieder ging, passte der einen Abteilungsleiterin überhaupt nicht. Ich merkte auch die Blicke der alteingesessenen Kolleginnen, wenn ich das Großraumbüro betrat und an allen vorbei zu meinem Schreibtisch ging.

Die Migräne kam jetzt immer während der Bürozeit, aber plötzlich veränderte sich der Termin. Erst bekam ich die Migräne auf dem Weg zur Arbeit und schließlich schon bei dem Gedanken an die Arbeit.

Mein Neurologe war entsetzt, ich hatte an 25 von 30 Tagen Migräneanfälle. Auf seine Anordnung hin durfte ich aber nur an maximal 6 Tagen mein Migränemittel nehmen. Ich ging zum Hausarzt und der schrieb mich wegen eines grippalen Infektes für zwei Tage arbeitsunfähig.

Meine Frau glaubte nicht richtig zu hören, sie machte sich große Sorgen um meine Gesundheit und ich war dann auch einsichtig.

Am nächsten Tag ging ich in die Notfallsprechstunde und gab an, dass ich mich im Burnout befinde.

Mittlerweile waren Drehschwindel, verstärkter Tinnitus, Bluthochdruck und das Restless-Legs-Syndrom aufgetreten.

Allein der Drehschwindel sorgte mehrfach für komplette körperliche Zusammenbrüche und gefährliche Stürze.

Ich wurde für sehr lange Zeit aus dem Arbeitsleben entfernt und suchte mir wieder einmal einen Psychotherapeuten. Es war ein hartes Stück Überzeugungsarbeit notwendig, damit ich sofort Hilfe bekam und nicht erst in einem halben Jahr.

Es wurde dann eine „Sie" und wir begannen mit einer tiefenpsychologisch fundierten Psychotherapie.

Nach einem halben Jahr Arbeitsunfähigkeit bat ich meinen Neurologen darum, mir ein Antidepressivum zu verschreiben. In den Vorgesprächen zur Psychotherapie war mir eine mittelgradige Depression diagnostiziert worden.

Außerdem stellte ich nach einem Beratungsgespräch

einen Rentenantrag. Es gab in der Stadt einige sehr gute Institutionen, die mich unterstützten und so beantragte ich zudem die Anerkennung einer Schwerbehinderung.

Ich war mittlerweile 59 Jahre alt und hatte klar, dass ich nicht mehr in der Lage war, an meinen Arbeitsplatz zurückzukehren, denn das hätte meinen Tod zur Folge gehabt.

Um trotzdem den Anschluss an die Arbeitswelt nicht zu verlieren, arbeitete ich ehrenamtlich (zusammen mit meiner Frau) in einem Second-Hand-Shop einer sozialen Einrichtung und auf der Erdbeerplantage, auf der wir wohnten (Nieke hat im Verkaufsstand gearbeitet und ich als Pflückeinweiser).

Der Rentenantrag führte zu einer Begutachtung durch einen Psychiater und Neurologen. Obwohl ich große Angst davor hatte – eine Kundin des Second-Hand-Shops hatte diesen Arzt gerade verklagt – kam es zu einem großartigen und ernsthaften Gespräch zwischen dem Arzt und mir.
Er erklärte mir so viele Zusammenhänge zwischen dem Trauma meiner Eltern, ihrer Alkoholsucht und meinen Depressionen und Versagensängsten.
Das war eine echte Überraschung für mich.

Das Ergebnis hieß zunächst einmal „Reha vor Rente", aber er hatte dafür gesorgt, dass ich in eine psychosomatische Klinik mit Traumaabteilung kam. Hier ging es anders zu, als in der ersten Reha achtzehn Jahre vorher.

Viel mehr Gespräche und eine Kunsttherapie, die es mir angetan hatte. Ich bat sogar darum, von einer sportlichen Einheit, die mir wegen meines Rückenleidens ohnehin Probleme bereitete, befreit zu werden und dafür mehr Kunsttherapiestunden zu bekommen.

Meine Bezugstherapeutin erledigte das mit Freude.

Auch wenn die Rehamaßnahme coronabedingt nur

drei Wochen gedauert hat, es wurde so viel bei mir angestoßen, dass ich anfing meine ganze Lebensgeschichte vom Kleinkindalter an, in Bildern zu verarbeiten.

Daraus ist 2023 das Buch „Vererbtes Trauma – Gelebte Sucht" entstanden.

Auch hier in der Klinik gab es Überfrachtung, die zur Migräne führte, aber man entließ mich als nicht mehr arbeitsfähig und sorgte dafür, dass ich eine volle Erwerbsminderungsrente bis zum Erreichen der Regelaltersrente erhalte.

Da ich während der Reha meine ambulante Psychotherapie unterbrechen musste, nahm ich diese wieder auf.
Allerdings hatte bereits das erste Jahr gar nichts gebracht – Aussage meiner Therapeutin: „Kann es sein, dass sie und ihre Frau die Menschen überfordern?"
„Ja! Weil die neurotypische Menschheit nicht in der Lage ist, mit anders aufgestellten Menschen umzugehen!" – und die Therapie war kein Vergleich zur teilstationären Rehamaßnahme.
Ich verzichtete auf meine letzte Stunde und verließ eine verdutzte Therapeutin.

Wir sind seitdem ein paar Mal umgezogen, was in erster Linie der Neurodiversitätsunfähigkeit von Vermieter:Innen und Nachbarn geschuldet ist, die einfach nicht mit dem anders (besser) aufgestellt sein von meiner Frau Nieke (Asperger/hochfunktionale Autistin) klargekommen sind.

Hier noch einmal ein kleiner Rückblick:

Es gab in meinem familiären Umfeld Depressionen, Ängste (hier vor allem Versagensängste), sehr viele uneheliche Kinder, einige Scheidungen, mehrere Suizide und vor allem suchtkranke Menschen.

Es kommt nur dann zu einer Unterbrechung dieser sich immer wiederholenden Kette (in jeder Generation), wenn sich eine Person, mit fachkundiger Unterstützung, dieser Thematik stellt und anfängt das eigene Leben und Erleben aufzuarbeiten.

Das ist schmerzhaft und hart, man kommt oft an die Grenze dessen, was man aushalten kann, aber es lohnt sich!

Ein Zen-Meister hat einmal zu Nieke gesagt:

„Im Leben gibt es keine Abkürzungen!"

Nieke Horst
Das Wesen der Sucht

Die Sucht, egal welche, jedoch besonders die Alkoholsucht, ist tückisch.
Und sie währt ab Entstehung lebenslang.

Es gibt also keine ehemaligen Alkoholiker:innen, nur nasse oder trockene.

Der Unterschied ist gewaltig: Nasse Alkoholiker müssen immer und immer mehr Alkohol trinken und immer härtere Varianten. Die Sucht gleicht einem Achterbahnwagen, der in rasender Geschwindigkeit ins Tal saust.

Langfristig zu stoppen nur mit Unterstützung von Sucht-Psychologen und völliger Abstinenz ein Leben lang.

Auch die homöopathischte Menge des Suchtmittels kann wieder zum Aufleben der Sucht führen.

Man muss also ein Leben lang auf der Hut sein und alles meiden, was mit dem Nass-Sein in Verbindung steht.

Wo die Minenfelder im Einzelnen liegen, bleibt in der psychologischen Auseinandersetzung zu klären.

Wird jemand rückfällig und die Wahrscheinlichkeit hierfür liegt bei **80 (!!) %**, dann ist der- oder diejenige innerhalb von Stunden oder höchstens Tagen wieder auf dem Level der vorherigen nassen Phase.

Und wieder steigen sowohl die benötigte Menge des Suchtmittels als auch der Kontrollverlust an.

Dies wiederum gefährdet alle in der Nähe Befindlichen. Es kommt zu Unfällen, Entgleisungen des Benehmens, Bränden etc.

Wer einen nassen Alkoholiker unterstützt, schadet ihm. Punkt.

Nur das völlige Fallenlassen desjenigen – auch seitens z. B. der Familie – bietet ihm oder ihr eine kleine Chance des Überlebens:

Er selbst muss sich darum bemühen, trocken zu werden. Mit professioneller Hilfe über lange Zeit und dauerhafter Kontrolle. Ärzte nehmen Suchtkranken regelmäßig Blut ab, um mittels des Gamma GT-Wertes über einen langen Zeitraum nachzuweisen, ob Alkohol konsumiert wurde oder nicht.

Eine – meistens stationäre – Entgiftung sowie eine ambulante oder stationäre Suchttherapie mit anschließendem jahrelangem Verbleiben in Selbsthilfegruppen ist angezeigt und zwingend erforderlich, denn die wenigen Trockenen wissen am besten, wie Trockenbleiben geht.

Eine Einrichtung, wie das „Haus Dobben" in Bremen ist Aufnahmestelle für diejenigen, die sich entscheiden nass zu bleiben.

Ein Plakat am Eingang einer Suchttherapieeinrichtung besagt:

„Ich <u>kann</u> nicht"

meint:

„Ich <u>will</u> nicht"

Ich wünsche allen (z. B. Wohnungsbaugesellschaften und sogenannten Betreuern, aber auch Arbeitgebern, Pastoren und Partner:innen) Einsichten in das Wesen der Alkoholsucht und Verhaltensabänderung eventuell fahrlässiger Entscheidungen!

Medienhinweise:

Buch „Vererbtes Trauma – Gelebte Sucht" von Rolf Horst. Erschienen bei tredition.

Filme:

„Wie ein Licht in der Nacht" mit Christiane Hörbiger und Klaus J. Behrendt

„Rückfälle" mit Günther Lamprecht

„Für Elise" mit Jasna Fritzi Bauer, Christine Grosse und Hendrik Duryn

„Dunkle Tage" von Margarethe von Trotta. Mit Suzanne von Borsody, Stefanie Stappenbeck und Konstantin Wecker

„Sehnsucht" mit Katharina Schüttler und Misel Maticevic

Rolf Horst schreibt seit 2023 über die Themen Autismus, Trauma, Sucht und Klimawandel. Seine Bücher sind bei tredition erschienen. Diese Themen greift er auch bei seinen Krimis und Dramen auf.

Biografische Erzählungen:
ASS – Autismus-Spektrum-Segnung
ASD? ASB! Autism-Spectrum-Blessing
Vererbtes Trauma – Gelebte Sucht
Inherited trauma – lived addiction
Mein Leben unter Alkoholikern
My life among alcoholics
Utopien:
Ein Zimmer für Autisten
Dramen:
Keine Rücknahme
Kannst Du bleiben?
Kämpfen wir für Deine Gesundheit….
Ich nehme dich mit
Seit wann heißt du Moritz?
Dem Erben geht der Tod voraus
Das Internat
Das Kind bleibt bei mir
Erfahrungsberichte:
Die Ignoranz der Lemminge
The ignorance of the lemmings
Der Schrebergarten Clan
Dystopien:
Stromsucht – der kalte Entzug durch Strom-ausfall

Überleben in einer neuen Wirklichkeit

Klimawandel und vieles mehr:

Klima, Krankheiten und andere Katastrophen oder der Sommer, als Jule kam

Jule gibt nicht auf

Krimis:

Bisher wurden zehn Kriminalromane über die autistische Hauptkommissarin Carmen Siebert veröffentlicht:

Der Tod vertritt meine Interessen

Stirb, denn du hast mich getötet

Sieht man mir den Mörder an?

Blutige Niete

Der Strauß des Todes

Der Tod ruft dich beim Namen

Freunde von Damals

Der Tod des Alkoholikers

Der Tod sucht eine Wohnung

Wer dem Wachstum im Wege steht

Von **Nieke Horst** wurden 2024 die Bücher **„Böse Essays"** und **"Gedanken einer alten Autistin"** bei tredition veröffentlicht. 2025 sind beide Bücher unter den Titeln **„Angry Essays"** und **„An old autists thoughts"** in englischer Sprache erschienen. Außerdem hat sie ein Essay mit dem Titel „**Das Wesen der Sucht**" bei epubli veröffentlicht. Dieses Essay ist als ebook unter dem Titel „**The nature of addiction**" ebenfalls in englischer Sprache erhältlich.

Zwei weitere eBooks mit den Titeln „**Die autistischen Hilfsmittel des Stimming, der Selbstgespräche und des monotonen Repetierens**" und die englische Fassung „**The autism support tools of stimming, self-talk and monotonous repetition**" sind im September 2025 veröffentlicht worden.

Voraussichtlich im Mai 2026 erscheint ihr neues Buch „**Ins innere Exil**".

Zeitfracht Medien GmbH
Ferdinand-Jühlke-Straße 7
99095 Erfurt, Deutschland
produktsicherheit@kolibri360.de